"美丽乡村"学前教育丛书

乡村幼儿园保教实践50问

中国发展研究基金会 组编

中国教育出版传媒集团
人民教育出版社
·北京·

图书在版编目（CIP）数据

乡村幼儿园保教实践50问 / 中国发展研究基金会组编. —北京：人民教育出版社，2023.1（2024.5重印）
（“美丽乡村”学前教育丛书）
ISBN 978-7-107-37259-9

Ⅰ. ①乡… Ⅱ. ①中… Ⅲ. ①幼儿园—教育管理 Ⅳ. ①G617

中国国家版本馆CIP数据核字（2023）第005609号

“美丽乡村”学前教育丛书　乡村幼儿园保教实践 50 问
责任编辑　和卓琳
责任设计　王　艾

出版发行　人民教育出版社
（北京市海淀区中关村南大街 17 号院 1 号楼　邮编：100081）
网　　址　http://www.pep.com.cn
经　　销　全国新华书店
印　　刷　北京盛通印刷股份有限公司
版　　次　2023 年 1 月第 1 版
印　　次　2024 年 5 月第 2 次印刷
开　　本　890 毫米 ×1 240 毫米　1/32
印　　张　5.5
字　　数　126 千字
定　　价　25.00 元

“美丽乡村”学前教育丛书编委会

丛书序

儿童是祖国的未来，民族的希望。儿童发展始终是中国发展研究基金会的重点关切。根据第七次全国人口普查数据，2020 年我国儿童 2.98 亿，居住在乡村的 1.1 亿，其中 6 岁以下的儿童中约有四成居住在乡村。发展农村教育、培养乡村儿童是未来提升人力资本的重要砝码。而大量脑科学和神经科学的研究成果已经表明，儿童早期的健康发展对其未来的影响十分重要。基金会自 2009 年起就致力于乡村儿童早期发展工作，在营养和教育方面开展社会试验、进行政策倡导。“一村一园：山村幼儿园计划”就是基金会最早发起的儿童早期发展项目，14 年来累计受益儿童超过 30 万。

党的十八大以来，党和国家事业取得历史性成就、发生历史性变革，我们打赢了人类历史上规模最大的脱贫攻坚战，实现了第一个百年奋斗目标。党和政府深入贯彻以人民为中心的发展思想，在幼有所育上持续用力，乡村学前教育有了很大发展。在全党全国各族人民向第二个百年奋斗目标进军的关键时刻，我们要积极响应党的号召，坚定地贯彻落实党的二十大精神，坚持教育优先发展，加快建设教育强国的目标，要强化学前教育，培养高素质教师队伍。在乡村振兴战略的大背景下，抓住机遇改善乡村学前教育水平，立足本土树立乡村自信，吸引和培养优秀的学前教育人才，促进乡村学前教育高质量发展。

我们在“一村一园”项目中发现，当前乡村幼儿园人员流动性较大，每年都有一些新入职教师缺乏专业的知识和经验，集中授课式的岗前培训并不足以让他们在实践中应对自如。我们认为给新手教师提供一套科学易懂、可操作性强的幼儿园带班指南，让新手教师求助有“书”、快速上手，不失为一个有效的办法。因此，我们邀请一直以来深度参与“一村一园：山村幼儿园计划”项目、并且深入掌握乡村幼儿园实际情况的一线专家们，为我们项目幼儿园的新手教师编写一本上岗指南，即《乡村幼儿园保教实践 50 问》。人民教育出版社学前教育课程教材研究开发中心认为此书的意图、内容和风格很贴近乡村新手幼儿教师的实际需求。同时，他们对基金会所做的儿童早期发展项目的理念和成就十分认同，愿意以此书为开端，与基金会共同组编“美丽乡村”学前教育丛书，使更多乡村幼儿园受益。

在《乡村幼儿园保教实践 50 问》问世之际，非常感谢编委会的各位成员不遗余力的奉献。尤其要感谢参与编写的成员和提供数字资料的妇幼健康研究会，他们承诺将版税报酬全部捐赠给基金会“一村一园：山村幼儿园计划”公益项目。

未来，我们将继续发挥基金会的项目优势，着眼整个乡村学前教育的高质量发展，深入挖掘乡村优势资源，培养乡村优秀幼儿教师，启发他们打造优秀本土案例，树立自信与自豪感。在这个过程中，编委会将在乡村幼儿园游戏、环境创设等方面加以提炼和总结，继续编写、出版“美丽乡村”学前教育丛书，助力乡村学前教育发展，助力乡村振兴。

中国发展研究基金会副理事长兼秘书长

方晋

2023 年 3 月 7 日

序

当我拿到这本虽不足十万字，但却饱含深深公益心、款款乡村情的《乡村幼儿园保教实践 50 问》书稿，感慨万千。情不自禁地欲穿越时空隧道，去寻找本书积淀的历史意义，在当今的时点发现本书所蕴含的现实作用。

本书积淀的历史意义

伟大的教育家陶行知先生于 1927 年 11 月 11 日，在南京的郊外创建了“燕子矶幼稚园”，这是中国第一所乡村幼儿园，也是将陶行知先生意欲创办“中国的、平民的、省钱的”乡村幼儿园的理想付之实践的尝试。虽然这所幼稚园只存在 3 年，但其关注乡村教育的精神和办园理念都给我们留下了宝贵的启示。

在我国历史上，乡村教育有“南陶北晏”一说，与陶行知先生齐名的乡村教育家晏阳初在河北定县（今河北省定州市）东亭镇翟城村的乡村平民教育试点，旨在消除当时农村存在的“愚、贫、私、弱”四大痼疾。虽然没有资料显示晏阳初先生直接办乡村幼稚园，但从农民的实际情况出发，身体力行乡村平民教育的胸怀和举措，在今天依然给我们启发。

综上，这本薄薄的书稿，或可视为继承“南陶北晏”之念并将之乡村教育精神发扬光大的探索之作。

本书蕴含的现实作用

本书是中国发展研究基金会（CDRF）所主持的公益项目“一村一园：山村幼儿园计划”的产品之一。中国发展研究基金会于2009年9月启动“山村幼儿园”项目以来，先后在青海省海东市乐都区、贵州省松桃苗族自治县和织金县、山西省兴县、湖南省古丈县、新疆维吾尔自治区吉木乃县、甘肃省华池县等地成立了项目点。

当中共中央、国务院于2015年11月颁布了《关于打赢脱贫攻坚战的决定》后，中国发展研究基金会根据该决定的第九项“着力加强教育脱贫，加快实施教育扶贫工程，让贫困家庭子女都能接受公平有质量的教育，阻断贫困代际传递。国家教育经费向贫困地区、基础教育倾斜。健全学前教育资助制度，帮助农村贫困家庭幼儿接受学前教育”的精神，更是加快和拓宽了“山村幼儿园”计划，该项目利用闲置校舍，公开招募志愿者作为山村幼儿园教师，以村为单位，夯实了“一村一园”的基础，为本村3~6岁幼儿提供学前教育服务。

迄今为止，累计受益儿童近30万，约4000名志愿者教师在岗。本书作为这个项目的衍生品，首先锁定这些志愿者教师为服务使用对象，继而推广至一般乡村幼儿园教师，这实为雪中送炭之作，其所具的现实作用不言自明。

本书凸显的写作特点

《乡村幼儿园保教实践50问》一书具有系统性、易读性和可操作性三个特点。

第一，具有系统性。本书虽然只有50问，然这些问题并非信手拈来，而是按照教育部 2012 年颁布的《幼儿园教师专业标准（试行）》中的“专业知识”和“专业能力”两大板块内容，相应地设置了“一日活动的安排”“班级管理”“生活照料”“环境创设”“游戏活动”“集体教育活动”“家园合作”“幼小衔接”八部分内容，让山村幼儿园的志愿者教师以及其他乡村幼儿园教师能将教育部提出的专业标准之具体内容了然于心，以此指导自己的工作实践。

第二，具有易读性。针对部分山村幼儿园志愿者教师非学前教育专业出身，有的志愿者教师从小学转岗而来等实际情况，本书采用提问导入、浅显回答的形式。这种问答的方式既能激发阅读者的兴趣，又能启发他们的思考。问题短小、回答精悍，便于阅读。

第三，具有可操作性。力求让山村幼儿园志愿者教师以及其他的乡村幼儿教师能尽快解决实际问题，本书在回答每个问题时都更注重实操性，让使用本书的乡村幼儿教师能直接与实践连接起来，对有些须进一步说明方法的内容则直接附上二维码，一扫便知。

综上所述，对这本承接历史、服务当下的乡村幼儿园教师专业用书的出版，充满切望和期盼，是以欣然为序。

华东师范大学
周念丽
2022 年 1 月 28 日于瀛丽小居

前 言

“一村一园：山村幼儿园计划”是中国发展研究基金会2009 年发起实施的社会试验项目。基金会和项目县合作，针对原来贫困地区农村幼儿入园困难的问题，利用村小学闲置校舍等场地设置幼儿园，招募幼教志愿者教师，从而保障幼儿就近入园，提高农村学前教育普及率。近年来，党和国家对学前教育愈发重视，采取了一系列举措，使学前三年毛入园率不断提高，项目重点也从农村学前教育的普及逐渐转移到质量提升。到 2021 年底，项目先后覆盖全国 12 个省（自治区、直辖市）的 32 个县（市、区），累计受益儿童超过 30 万。项目现有幼儿园（班）2 000 多个，志愿者教师（即非在编教师）4 000 余人，在园儿童 86 000 多人。2018 年，“一村一园”项目荣获世界教育创新峰会（WISE）教育项目奖，成为首个获得该奖项的中国项目。该奖项被英国 BBC 等国际主流媒体誉为“教育界的诺贝尔奖”。

项目实施以来，我们欣喜地看到项目志愿者教师和儿童的成长变化。但我们也发现，教师们在工作中总会存在各种各样的困惑，亟需实践方法上的指导。例如：如何组织混龄班活动？半日制幼儿园如何安排活动？这些困惑不仅是项目志愿者教师的，也是广大脱贫地区村级幼儿园新手教师共有的。因此，我们在贵州、青海、云南等项目试点省份，组织了一批有着丰富实践经验的学前教育工作者共同编写本书，以期为脱贫地区村级幼儿园提供基础实用的保教实践指导。从最早向教师们收集工作中常见的问题，到现在编制成册，已经三个年头，在这过程中，编写团队不断碰撞、修订和调整，《乡村幼儿园保教实践 50 问》终于得以与大家见面。本书把幼儿园保教实践工作划分成一日活动的安排、班级管理、生活照料、环境创设、游戏活动、集体教育活动、家园合作、幼小衔接 8 个部分，以 50 个问题的形式为缺乏经验的新手教师提供保教实践中最基础的指导。

本书按章节由以下成员编写：第一部分由贵州省铜仁市玉屏侗族自治县第二幼儿园万国珍老师主笔，第二部分由贵州省铜仁市教育局张纯华老师主笔，第三部分由贵州省铜仁市实验幼儿园罗先花老师主笔，第四部分由青海省海东市乐都区幼儿园王国芬老师、青海省海东市乐都区文化街幼儿园吕蕾老师主笔，第五部分由云南省玉溪市红塔区教育科学研究所张珏老师、云南省楚雄彝族自治州幼儿园徐晓东老师、贵州省教育科学院杨洛娜老师主笔，第六部分由贵州省铜仁学院教育学院田劲松老师主笔，第七部分、第八部分由贵州省教育科学院杨洛娜老师主笔。感谢以上作者的辛勤付出！本书的视频由国家卫生健康委员会主管的妇幼健康研究会提供，来源于“妇幼健康研究会婴幼儿养育照护师培训课程”，感谢研究会出于公益目的无偿提供的专业实操视频。另外，还要特别感谢华东师范大学周念丽教授和广东深圳市教育局教研室幼教教研员肖湘宁老师对手册提出的宝贵建议，本书在两位的指导下最终修改完成。

希望这本《乡村幼儿园保教实践 50 问》能给老师们的工作提供有效支持，也祝愿所有老师不断进步！

中国发展研究基金会

2022 年 12 月

目录

第一部分　一日活动的安排

第二部分　班级管理

第三部分　生活照料

第四部分　环境创设

第五部分　游戏活动

第六部分　集体教育活动

第七部分　家园合作

第八部分　幼小衔接

为了每个孩子的阳光起点

“美丽乡村”学前教育丛书

第一部分 一日活动的安排

一　什么是幼儿园一日活动，一日活动包含哪些内容？

幼儿园一日活动是指幼儿在园的全部生活。一日活动内容包括：生活活动（入园、离园、饮水、就餐、盥洗、如厕以及过渡环节等）、游戏活动（自主游戏和有组织的游戏）、有组织的教育活动（有组织的集体或小组教育活动）等内容。各个内容相互联系，相互渗透，不是彼此独立的，不能完全区别开来。如游戏活动中也包含学习，生活活动也能用游戏的方式来组织。

二　如何科学合理安排一日活动？

（一）符合规范和实际

根据《幼儿园工作规程》及乡村幼儿园实际，幼儿园可按照全日制或半日制安排活动。

（二）可从以下六个方面综合考虑一日活动安排

第一，活动内容安排要动静交替、室内外交替、不同领域交替。

第二，全日制幼儿园保证每天 2 小时户外活动，其中体育活动时间不少于 1 小时，可分段进行。半日制幼儿园酌情安排。

第三，自主游戏时间可安排 1 小时左右（不包含活动准备、排队进入、收拾玩具等过渡环节时间）。教师鼓励和支持幼儿自主选择游戏内容、游戏材料和伙伴，自主制订游戏计划和玩法。教育活动的组织应根据班级幼儿情况，采取集体、分组或个别等形式开展。集体教育活动时间小班约 15 分钟、中班约 20 分钟、大班约 25 分钟。

第四，正餐间隔时间为 3.5~4 小时。

第五，过渡环节应当尽量自然有序，避免整齐划一。教师可组织幼儿开展手指游戏、念童谣、唱儿歌等活动，尽量减少幼儿在各个环节中的消极等待时间。

第六，教师可根据幼儿的兴趣、需求及具体活动情况，合理调节、灵活安排一日活动。

示例：

表 1-1　全日制幼儿园一日活动安排①

夏（秋）季		
	时间	活动内容
上午	8:00—9:00	入园晨检、晨间活动
	9:00—11:30	集体教育活动（若分组开展则与区域游戏交叉进行）
		生活活动（如厕、盥洗、饮水等）
		户外活动（体育活动或自主游戏）
		室内区域游戏（若集体教育活动分组，则与集体教育活动交叉进行）
	11:30—12:30	生活活动（如厕、盥洗、营养午餐、餐后散步等）
午休（12:30—14:30）		
下午	14:30—16:10	生活活动（起床、如厕、盥洗、饮水、午点等）
		室内区域游戏
		户外活动（体育运动或自主游戏）
	16:10—16:20	离园准备、谈话
	16:20—16:40	离园

冬（春）季		
	时间	活动内容
上午	8:30—9:00	入园晨检、晨间活动
	9:00—11:30	集体教育活动（若分组开展则与区域游戏交叉进行）
		生活活动（如厕、盥洗、饮水等）
		户外活动（体育活动或自主游戏）
		室内区域游戏（若集体教育活动分组，则与集体教育活动交叉进行）
	11:30—12:30	生活活动（如厕、盥洗、营养午餐、餐后散步等）
午休（12:30—14:30）		
下午	14:30—16:00	生活活动（起床、如厕、盥洗、饮水、午点等）
		室内区域游戏
		户外活动（体育运动或自主游戏）
	16:00—16:10	离园准备、谈话
	16:10—16:30	离园

① 参照贵州省铜仁市玉屏侗族自治县兴隆村幼儿园活动安排表改编。

表 1-2　半日制幼儿园半日活动安排①

夏（秋）季		
时间		活动内容
上午	8:00—8:30	入园晨检、晨间活动
	8:30—11:00	集体教育活动（若分组开展则与区域游戏交叉进行）
		生活活动（如厕、盥洗、饮水、早点等）
		户外活动（体育活动或自主游戏）
		区域游戏（若集体教育活动分组，则与集体教育活动交叉进行）
	11:00—11:10	离园准备、谈话
	11:10—11:30	离园

冬（春）季		
时间		活动内容
上午	8:30—9:00	入园晨检、晨间活动
	9:00—11:30	集体教育活动（若分组开展则与区域游戏交叉进行）
		生活活动（如厕、盥洗、饮水、早点等）
		户外活动（体育活动或自主游戏）
		区域活动（若集体教育活动分组，则与集体教育活动交叉进行）
	11:30—11:40	离园准备、谈话
	11:40—12:00	离园

① 参照贵州省铜仁市玉屏侗族自治县兴隆村幼儿园活动安排表改编。

三 混龄班一日活动安排应注意哪些事项？

混龄班是指将不同年龄的幼儿混合编排在一个班级里学习与生活的班级组织形式。教师在安排一日活动时应注意以下四个方面。

（一）间断性安排分组活动

教师可采取“生活混龄、游戏混龄、教学分龄”的方式，即生活活动、游戏活动可混龄进行，集体教学活动则应考虑按年龄分组开展。例如：对于刚刚入园的幼儿，可以安排入园适应相关活动；对于即将进入小学的幼儿，应有针对性地开展入学准备方面的活动。

（二）根据不同年龄安排活动时间

对于年龄小的幼儿，进餐、午睡等生活环节的时间可安排长一些，集体教学活动的时间可安排短一些。

（三）制订多层次活动目标

教师可先确定混龄教学活动总目标，然后根据幼儿年龄特点和实际水平，分别制订不同年龄段活动目标，满足和适应不同年龄幼儿学习和发展需求。

（四）注重不同年龄幼儿间的互动

在活动的组织过程中，教师可通过“大带小”“结对子”等方式，增加不同年龄幼儿之间的互动。

四 遇到特殊情况时，应该如何调整？

（一）户外活动突遇下雨时

在雨量不大、无雷电的情况下，户外活动可照常进行，但教师应该为幼儿准备雨衣、雨鞋等避雨工具。

如果不适合进行户外活动，活动可以调整为室内活动。在条件允许的情况下，幼儿可以在较为宽敞的走廊、活动室或其他室内场地，运用小型运动器材、桌椅、玩教具等进行体育锻炼或游戏活动。

（二）活动中出现幼儿突发状况时

教师应该立即停止幼儿当前活动，针对具体情况作出处理，必要时请另一位教师协助配合。如有幼儿受伤，教师应及时通知家长，送往医院就医。同时，请另一位教师或保育员看护其余幼儿，组织其余幼儿进行室内区域游戏。

（三）活动中幼儿兴趣转移或表现懈怠时

教师应观察分析幼儿兴趣转移或懈怠的原因。

如果幼儿注意力被其他活动吸引，或者因情绪不好兴趣低迷，教师可通过变换活动形式、调整游戏难度、提出新的任务、重新分组等方式吸引幼儿注意力，调动幼儿情绪。

如果幼儿对活动已无兴趣，教师可考虑根据幼儿的兴趣和意愿开展下一阶段活动。若可行，教师可抓住幼儿新的关注点和兴趣，不断拓展幼儿经验。

（四）教师有临时工作需要暂时离开时

教师可将活动内容安排为室内区域游戏，请另一位教师或保育员代为看护幼儿。若班级仅有 1 名教师，教师应与中心幼儿园或中心小学联系，及时请其他教师前往看护幼儿。

（五）过渡时间较短且幼儿人数较多时

教师可组织开展简短集体游戏活动，帮助幼儿集中注意力，为接下来的活动做准备，如念儿歌童谣、听故事、猜谜语、玩手指游戏等。

（六）过渡时间较长且幼儿较分散时

教师可组织幼儿进行自主游戏。如：在进餐环节中，先吃完的幼儿可自行选择区域或材料进行自主游戏或安静阅读，避免幼儿餐后乱跑等情况；在午睡起床后，幼儿可根据需要自主如厕、盥洗、喝水、梳头、吃点心等活动；动作快的幼儿完成这些活动后，可先进入区角开展自主游戏，避免消极等待。

五 如何撰写学期计划、月计划、周计划、日计划、活动计划？

（一）学期计划

1. 要素构成

学期计划是对整个学期工作的安排，包含现状分析、学期目标、具体措施、主要活动、家长工作等内容。

2. 主要内容

现状分析：教师分析班级幼儿学习与发展情况，可按领域依次进行分析，要兼顾整体和个体。混龄班则应对不同年龄段幼儿分别进行分析。

教育目标：结合《3–6 岁儿童学习与发展指南》中各领域目标及典型表现，教师根据班级幼儿的实际发展水平，确定幼儿的学期发展目标，拟定本学期的教育目标。混龄班应针对不同年龄段幼儿设置不同的教育目标。

具体措施：主要说明通过哪些手段、途径、形式来促进目标达成。

主要活动：列出每一项措施下具体的活动安排。教师根据班级情况自行拟定活动安排，也可根据班级儿童兴趣和需要，参考相关较为成熟的教师指导用书初步选择活动。活动实施时，教师可以根据具体情况进行调整。

家长工作：根据本学期拟重点解决的家庭教育问题，教师结合可利用的家长资源，拟定家长工作目标、工作形式及具体内容。

3. 示例

表 1-3　学期计划表[①]

时间	本月主题	教育目标	现状分析	活动安排					家长工作
				健康	语言	社会	科学	艺术	
9月	我长大了	幼儿能够认识自己的身体及生长变化，提升幼儿自我意识		身体的秘密	成长的秘密	我长大了	颜色碰碰碰	彩色的梦想	
10月	国庆节	幼儿能够了解我国是统一的多民族国家，各民族有不同的特点；初步了解我国文字		中国的美食	有趣的汉字	家乡真美丽	怎么看地图	我爱北京天安门	
11月	我们不一样	幼儿能够了解自己和他人的不同，能够尊重、关心他人		我们不一样	好朋友，我想对你说	我来帮助你	谁大谁小	卡通人物大混战	
12月	冬天的特点	幼儿能够了解冬天的特征，体会冬天里人、动物、植物的变化		冬天吃什么	冬天主题的图画书	冬日里的好朋友	什么是冬眠	冬天的景色	
1月	新年来了	幼儿能够了解元旦和春节习俗，感受节日氛围		新年大扫除	猜灯谜	新年习俗	动物过冬方法多	剪窗花	

① 此学期计划表内容比较简单，主要列举了每个月的工作重点，实际学期计划可能会比较复杂。

（二）月计划

1. 要素构成

月计划是将学期计划落实到每个月的计划，是围绕学期目标，在总结上月实施情况的基础上，制订本月保教工作的实施目标与内容，包含上月情况分析、本月预设目标、具体措施及内容等内容。

2. 主要内容

上月情况分析：对上月目标达成情况、活动实施效果、幼儿发展情况进行回顾和分析。教师可从五大领域逐项分析，既要分析达成情况，又要指出不足。

本月预设目标：结合学期目标，教师拟定本月希望达到的目标。目标不宜过大或过于具体，可按领域或项目依次梳理。

具体措施及内容：各领域目标需要通过哪些具体措施及活动来达成。教师可采用分领域、分时间、分活动等形式表述。

3. 示例

表 1-4　混龄班教育活动月计划表①

本月主题：我长大了	教师：×××
上月情况分析	在上月主题活动《我的植物乐园》中，幼儿认识了一些常见的植物，对植物的生长过程进行了探究，知道了爱护植物的一些方法。在科学领域，幼儿对植物的外形特征、生长需要、生长习性等进行了观察和探究，并能用一定的方式进行记录；在社会领域，幼儿了解了人与植物之间的关系，激发了热爱大自然的情感；在语言领域，幼儿能大胆地用语言描绘出植物的特征并说出自己喜欢某种植物的原因。部分大班组幼儿不能用完整语言描述一件事或某一植物的特征；在艺术领域，大班组幼儿能用绘画和手工的方式进行创作，小班组幼儿能完成不同形状树的粘贴画。同时，部分幼儿艺术作品呈现形式较为单一。 本月，教师需指导大班组幼儿用完整连贯的语言表述，并在语言区投放与主题有关的材料。同时，在艺术活动中，教师将重点引导幼儿使用多种方式进行艺术创作。
本月预设目标	幼儿了解自己的身体、自己的爱好，感受身体的变化。 幼儿有初步的健康意识和交通安全意识，懂得自我保护和排解不良情绪的基本方法。 幼儿会简单的自我服务，有一定的生活自理能力。大班组幼儿能参加力所能及的劳动和班级服务。 大班组幼儿了解、憧憬小学的学习和生活，知道遵守纪律，养成良好的生活习惯，关注生活中的“数”，尝试运用数字、符号等方法表述和记录生活中有关数量的事物或动作，“能通过实物操作等方法进行 10 以内的加减运算”。 幼儿能用语言、哼唱、动作或绘画等形式来表达对事物的理解及感受。 小班组幼儿能口齿清楚地使用普通话讲述故事内容，大班组幼儿能使用完整连贯的句子进行表达。 幼儿能有目的、有计划地选择游戏区域及所需要的游戏材料。大班组幼儿能坚持完成自己的游戏，游戏后能记录和分享自己的游戏故事；小班组幼儿能对新材料感兴趣，并能自主愉快地使用材料，游戏后能表达自己想法及情感。

① 参照贵州省铜仁市玉屏侗族自治县兴隆村幼儿园混龄班计划表改编。

续表

<table>
<tr>
<td rowspan="4">具体措施及内容</td>
<td>环境创设</td>
<td colspan="2">1．主题墙
通过呈现“小时候的我”及“现在的我”照片，展现“我”的成长变化过程，有幼儿身体的变化、成长经历变化、对成长的感受等记录；张贴“参观小学”“我心目中的小学”“我对小学的感受”的图片、照片、记录、作品等，展示主题活动的推进过程。
2．区域材料投放
语言区：幼儿小时候的照片、穿戴过的衣帽鞋子等，幼儿自己创作的“小时候的事”等图画书和“我长大了”等儿歌，小学的全景、教室、厕所等照片，小学生升旗、上课、课间操等图片。
生活区：幼儿小时候的照片、衣服、用品及作品，现在的照片、作品，各类学习用品，书包，红领巾，适宜的劳动工具等。
建构区：不同大小的木板、木条、木棒、树墩、树枝、玉米秆、鹅卵石等适合建构的自然材料。
美工区：幼儿的艺术作品、彩色卡纸、画纸、记号笔、蜡笔、胶水、剪刀、铅笔、橡皮擦等。
表演区：《我的朋友在哪里》《小手拍拍》等音乐、播放器、各种表情图、头饰等。</td>
</tr>
<tr>
<td>家园合作</td>
<td colspan="2">请家长在家为幼儿讲述他们小时候的故事。
请家长配合提供幼儿小时候的衣物、照片、作品等物品。
请家长在家引导幼儿防暑降温和注意个人卫生，帮助和督促幼儿养成勤洗澡的好习惯。
请家长配合教师做好上、放学途中的交通安全教育、防拐骗教育和防溺水安全教育，遵守交通规则，不跟陌生人走，不单独去池塘、河边玩耍。</td>
</tr>
<tr>
<td rowspan="2">各领域活动</td>
<td rowspan="2">健康领域</td>
<td>健康生活
混龄组活动：不跟陌生人走、会动的身体。
小龄组活动：早睡早起身体好、甜甜的微笑。
大龄组活动：营养丰富的蔬菜。</td>
</tr>
<tr>
<td>体育活动
混龄组活动：爬爬乐。
小龄组活动：捉迷藏。
大龄组活动：做个快乐的自己。</td>
</tr>
</table>

续表

具体措施及内容	各领域活动	语言领域	混龄组活动：小威向前冲、妈妈生病了、长大后的我。 小龄组活动：别说我小、幼儿园里真快乐。 大龄组活动：成长的秘密、我长大了。
		社会领域	混龄组活动：绿色小精灵、交朋友、谁来了。 小龄组活动：甜甜的西瓜。 大龄组活动：我要上小学了。
		科学领域	混龄组活动：大家来排队、我长高了、我们一起分。 小龄组活动：我家几口人。 大龄组活动：颜色碰碰碰。
		艺术领域	混龄组活动：我的朋友在哪里、我和小鸟。 小龄组活动：小手拍拍、有趣的纸团印画。 大龄组活动：彩色的梦想、我心中的小学。
调整情况	调整内容：		调整原因：

（三）周计划

1. 要素构成

周计划是班级一周之内全部活动及相关工作的具体方案，包括上周情况分析、本周预期目标、主要活动内容、家园共育等。

在制订周计划时要注意以下几点。

在制订步骤前，教师分析儿童发展情况，再根据儿童发展情况和月计划，制订周计划，最后确定活动内容。

在目标选择上，教师要根据月计划中制订的目标，分解到每一周实现的目标，同时也要考虑上周目标的达成情况及本周儿童的学习与发展状况。

在内容选择时，教师要遵循平衡性、稳定性、灵活性、个体性原则。平衡性是指活动安排要注重领域之间、动静之间的平衡；稳定性和灵活性是指活动安排既相对固定，又要根据偶发事件和活动实施过程中的需要灵活调整；个体性则是指教师既要根据幼儿年龄特点和兴趣设置内容，又要关注到幼儿发展的个别差异，因材施教。

2. 主要内容

上周情况分析：对上周目标达成情况及幼儿发展情况进行综合分析。教师可从五大领域进行分析，既要分析优势，又要指出不足。

本周预期目标：本周保教工作目标，即本周教师将重点帮助幼儿获得什么经验、达到什么目标，可按五大领域拟定，也可按生活、学习、游戏、运动等维度进行表述。

教师可参考以下步骤制订目标：

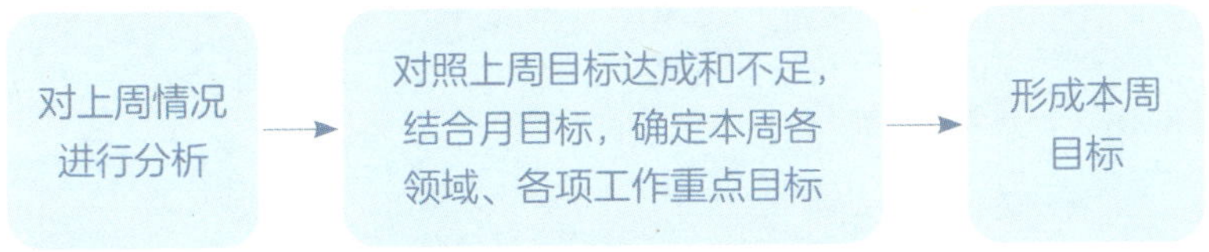

图 1-1　制订本周目标的步骤

主要活动内容：根据周目标安排适宜的活动，教师可按时间进行陈述，也可按照活动类型进行陈述。

晨间活动：幼儿来园后，可进行室内自选活动或户外体育锻炼，如阅读、操作玩具、自由交谈、早操、体能锻炼等。

集体教育活动：教师要思考选择的活动内容是否适宜、活动实施途径和方式有哪些、活动安排是否做到了动静交替、内容之间是否存在关联性等问题。

户外活动：包含体育活动（操节、体能运动、体育游戏）、自主游戏、散步等活动。教师可预设出户外活动重点内容，也可根据幼儿兴趣与需要支持幼儿生成新的游戏活动。

室内活动：主要根据上周幼儿游戏表现，结合本周预期目标，列出本周幼儿游戏活动中教师需要观察和指导的重点内容。

家园共育活动：围绕本周需达成的各项家园共育目标拟定具体内容，拟定前教师可思考：本周家园共育目标是什么，需要家长知晓哪些信息、提供哪些支持、以何种方式支持，以及教师应该做什么、怎么做。

3. 示例

表 1-5　混龄班教育活动周计划表[①]

<table>
<tr><td rowspan="2">主题名称：
我长大了</td><td>执行时间</td><td></td></tr>
<tr><td>执行教师</td><td></td></tr>
<tr><td>上周情况分析</td><td colspan="2">健康领域：幼儿认识了牙齿的结构和功能，知道了换牙常识，以及保护牙齿的方法。
体育领域：大班组幼儿能勇敢地尝试多种具有一定挑战性的攀爬活动；小班组幼儿能跟着哥哥姐姐完成难度低的爬行，并有一定自我保护意识。
语言领域：幼儿能理解故事内容，感知人类宝宝的孕育过程，大班组幼儿能仔细观察画面，用较完整的语言进行讲述。
艺术领域：幼儿对节奏明快的音乐兴趣浓厚，能有节奏地跟着琴声哼唱和表演新歌曲《我的朋友在哪里》，大班组幼儿能创编歌词。
科学领域：大班组幼儿在区域活动及生活中，对 10 以内数物排列组合的理解和运用较好，但对测量的理解、记录经验仍不足。
本周需继续加强大班组幼儿对测量的理解，以及探索使用不同测量方法。</td></tr>
<tr><td>本周预期目标</td><td colspan="2">生活活动：
幼儿掌握正确的刷牙方法，养成早晚坚持刷牙的好习惯；进餐环节不边吃边玩，保持桌面清洁。
体育活动：
幼儿能和同伴自主收放玩具、遵守活动规则；大班组幼儿有热了脱衣服、主动擦汗的意识。
游戏活动：
大班组幼儿能有目的、有计划地选择游戏区域及材料，能完成自己的游戏计划，游戏后能记录和大胆分享自己的游戏故事；小班组幼儿能对新材料感兴趣，能够在提醒下遵守规则。
教育活动：
1. 幼儿知道不同的性别，了解自己的身体部位，了解随着年龄增长身体的变化，有初步的自我身体保护意识和方法；
2. 幼儿大胆探索各种运动动作，知道运动能促进身体健康；</td></tr>
</table>

① 参照贵州省铜仁市玉屏侗族自治县兴隆村幼儿园混龄班计划表改编。

续表

<table>
<tr><td>本周预期目标</td><td colspan="6">3. 小班组幼儿能够感受生活中数学的乐趣，大班组幼儿能够测量记录自己的身高和体重；
4. 幼儿了解鸟的外形特点和习性，小班组幼儿能用油画棒画出小鸟基本外形，大班组幼儿能用较为流畅的线条勾画表现小鸟及其生活环境；
5. 大班组幼儿懂得关心、照顾弟弟妹妹，愿意与小班组幼儿合作开展活动，小班组幼儿情绪稳定；
6. 幼儿能感受歌曲中不同的节奏型，小班组幼儿能根据韵律做动作，大班组幼儿能随着音乐节奏和歌词变化创编和表演不同动作。</td></tr>
<tr><td rowspan="5">主要活动安排</td><td>时间</td><td>星期一</td><td>星期二</td><td>星期三</td><td>星期四</td><td>星期五</td></tr>
<tr><td>晨间活动</td><td>晨检、升旗。</td><td>体能运动。</td><td>体操。</td><td>体能运动。</td><td>室内自选。</td></tr>
<tr><td>集体教育活动</td><td>语言：
成长的秘密（大班）、别说我小（小班）。</td><td>科学：
男孩女孩。</td><td>健康：
会动的身体。</td><td>艺术：
我和小鸟。</td><td>社会：
交朋友。</td></tr>
<tr><td>室内活动</td><td>分组教学
区域游戏（同时进行）。</td><td>区域自选活动。</td><td>小手拍拍（音乐游戏）。</td><td>区域自选活动。</td><td>区域自选活动。</td></tr>
<tr><td>户外活动</td><td>体育游戏
好玩的红绸子、户外自主游戏。</td><td>操节活动、户外自主游戏。</td><td>民间游戏
斗鸡、户外自主游戏。</td><td>操节活动、户外自主游戏。</td><td>民间游戏
编花篮、户外自主游戏。</td></tr>
<tr><td>临时调整情况说明</td><td colspan="6"></td></tr>
<tr><td>家园共育活动</td><td colspan="6">1. 家长在家注意防暑降温，帮助和督促幼儿养成勤洗澡的好习惯。
2. 家长多和幼儿交流男女性别话题，引导幼儿学会尊重自己和他人的身体，有保护自己的意识。</td></tr>
</table>

（四）日计划

1. 要素构成

日计划是指一日（或半日）全部活动的安排与设计。一日活动中所有的环节（生活活动、集体教育活动、室内区域活动、户外活动等）都需要教师提前进行安排设计，并形成书面方案。

2. 主要内容

生活活动：结合周计划中的生活活动的目标进行分解，列出一天中教师可能要关注的重点生活环节、对象和教育指导策略。

集体教育活动：集体教育活动方案主要包括活动名称、活动领域、活动目标、活动重点难点、活动准备、活动过程、活动延伸等。活动目标要具体、有层次性；活动准备要充分，活动过程要围绕活动目标进行设计和选择适宜、恰当的组织方式；活动延伸是根据活动情况和需要开展的后续相关活动。

室内区域活动：根据周计划中的目标和安排，思考各游戏区域需要提供什么材料、制订什么规则。教师明确活动中的重点关注内容，提前思考游戏过程中幼儿可能会出现的问题，可提前预设相关指导策略。

户外活动：根据周计划，制订有组织的体育活动或户外自主游戏活动。教师可列出活动主要内容，重点发展的目标，活动地点，活动材料准备，活动过程中的组织形式、步骤、方法及指导重点策略等。

3. 示例

表 1-6　混龄班教育活动日计划[①]

教师：××× 时间：×年×月×日		
时间	活动内容	活动目标及教室观察指导要点
8:00—9:00	入园、晨检、室内自选活动	1. 幼儿主动配合晨检，有礼貌地与教师、同伴问好。 2. 幼儿自主进入区域选择材料开展活动。
	晨跑	幼儿积极主动地参加晨跑活动，肢体动作协调灵敏。
9:00—11:30	生活活动（如厕、盥洗、饮水等）	1. 小班组幼儿能大胆向教师表达便意需求；大班组幼儿能按需自主如厕，便后自觉用肥皂洗手；教师应关注幼儿能否正确洗手。 2. 幼儿知道饮水益处，能有序排队取水，养成喝多少接多少的习惯。 3. 幼儿饮水、如厕后能自觉做好记录。
	室内区域活动（与分组教学活动同时进行）	大班组幼儿能有目的、有计划地选择游戏区域及材料，能按照自己的游戏计划开展游戏，游戏后能记录、分享自己的游戏过程。 小班组幼儿能在教师引导下明确去哪里玩，对区域材料感兴趣，有一定的规则意识。
	户外活动（体育活动或自主游戏）	户外自主游戏。幼儿自由选择区域、玩伴、材料、游戏内容自主活动。
	集体教育活动（分组教学活动与区域游戏同时进行）	大班组：成长的秘密。 小班组：我长大了。

① 参照贵州省铜仁市玉屏侗族自治县兴隆村幼儿园混龄班计划表改编。

续表

教师：××× 时间：×年×月×日		
时间	活动内容	活动目标及教室观察指导要点
11:30—12:30	生活活动（如厕、盥洗、营养午餐、餐后散步等）	1. 幼儿养成饭前自觉使用**七步洗手法**的洗手习惯。 2. 大班组幼儿能自主有序取餐，进餐时不喧哗并保持桌面洁净，适当缩短进餐时间；小班组幼儿不挑食，能自主吃完自己的食物。 3. 幼儿在餐后不剧烈运动。
12:30—14:30	生活活动（午睡、起床、梳洗）	1. 幼儿能自己穿脱衣物，能自主叠好衣物并放在指定位置。 2. 大班幼儿能自主整理自己的床品，并愿意帮助其他小伙伴穿脱外衣和整理被子。
14:30—16:10	户外活动	幼儿能根据自己的兴趣和爱好选择各类户外活动及材料，活动时知道保护自己。
16:10—16:20	整理仪表、离园准备	1. 幼儿能够自主整理自己仪表。 2. 幼儿能安静等待家长。
	幼儿离园	1. 教师提醒幼儿及家长注意离园安全。 2. 教师培养幼儿养成有礼貌地与教师告别的习惯。

（五）活动计划

1. 要素构成

活动计划是指具体活动的安排与设计。本书所述的活动计划主要指幼儿园集体教育活动计划，一般包括活动目标、活动准备、活动过程、活动延伸等。这部分内容可以参见第五部分集体教育活动。

2. 主要内容

活动目标：活动实施的方向和预期达到的结果，是活动设计、安排、组织、开展的依据，一般可从知识与技能、过程与方法、情感态度与价值观三个维度撰写。

活动准备：确保活动顺利进行所需要做的经验准备和物质准备，比如教师要明确材料的名称和数量。

活动过程：教师为达成活动目标，运用适宜教育方式，呈现活动内容的基本步骤和顺序，是教师采取多种形式、有目的、有计划地引导幼儿开展的教育活动。特别要注意的是，在教研中教师可将活动过程中的提问进行预设，但在实际活动过程中，提问内容须根据实际情境进行调整，切忌生搬硬套教案内容，以及强行引导、要求幼儿按照预设答案回答。

活动延伸：活动结束后，教师可在生活、区域游戏、家庭或下次活动中开展的与活动有关的事宜。

3. 示例

表 1-7 教育活动计划表[①]

大年龄组活动：成长的秘密	
活动目标	1. 幼儿理解身份性别及身体的区别，知道尊重自己和他人的身体隐私。 2. 幼儿具备初步的自我保护意识，了解基本的防卫方法。 3. 幼儿能够感受到成长的喜悦和乐趣。
活动准备	1. 经验准备：幼儿对性别有初步认识，知道男生、女生。 2. 物质准备：教师布置与性别知识有关的区角（包括人和动物），提供较为丰富安全的可操作材料，如：与保护身体隐私相关的视频或图画书。
活动过程	1. 讨论导入：讲解什么是“性别”。 教师请小朋友按性别排队，男孩子一队，女孩子一队。 教师引导幼儿观察两队的差别，让幼儿阐述自己所看到的“男、女有什么区别”，讨论自己对不同性别的看法。 教师小结：“性别”不光是从头发、衣服就能判断，还可以通过身体的某些部位进行判断。这些部位是代表性别差异的。那么这些部位是哪些部位呢？就是我们穿衣服遮起来的部位。 2. 展开部分：幼儿明确身体的隐私部位，学会尊重自己和他人的身体。 教师请幼儿观看相关的动画片，或者阅读相关图画书，让幼儿对隐私部位进行讨论。 教师出示洋娃娃，请幼儿指出什么部位是要保护的，不能随便给别人看的。 3. 教师小结： 我们要尊重自己和他人的身体。 我们身体的隐私部位不能随便给别人看。 随便暴露自己的隐私是不礼貌的行为。
活动延伸	幼儿回家与爸爸妈妈讨论“男、女有什么区别”。

① 参照贵州省铜仁市玉屏侗族自治县兴隆村幼儿园混龄班计划表改编。

“美丽乡村”学前教育丛书

第二部分

班级管理

六 幼儿不喜欢上幼儿园怎么办？

与家人分离、进入新环境产生不安全感引起的分离焦虑，是幼儿不喜欢上幼儿园的主要原因，一般表现为幼儿不愿上幼儿园、入园后哭闹、拒绝与教师和同伴互动等。

教师应帮助幼儿尽快适应新环境，建立对新环境、新教师、新同伴的安全感，可从以下几个方面开展相关工作。

（一）新生家访

1. 携带小礼物拉近与幼儿距离

教师可携带小红花、小贺卡、幼儿园照片、班级教师合影等自制小礼物，拉近与幼儿距离。

2. 充分进行家园沟通

教师主动与幼儿打招呼作自我介绍；向家长介绍幼儿园及班级情况、一日活动安排、膳食安排以及幼儿初入园时可能会出现的身体和心理不适应状况；建议家长多与幼儿交流幼儿园相关的积极话题，帮助幼儿建立对幼儿园的向往，做好心理准备；提醒家长在幼儿个人物品上标注姓名，准备户外使用的水壶、换洗床单被罩等物品。

3. 建议家长注重幼儿自理能力培养

教师可以建议家长帮助幼儿学会自主进餐、自主如厕、按时吃饭、定时午睡等良好生活习惯，培养幼儿的生活自理能力。

（二）建立幼儿基本档案

幼儿档案可包括幼儿基本情况和家长基本情况：幼儿姓名、乳名、性别、民族、身体状况、食物过敏情况、午睡习惯、饮食情况、是否有尿床现象、是否能自主如厕、是否为留守儿童等；家长基本情况和文化程度、是否为建档立卡贫困户或低保户等。掌握了基本情况后，教师可有针对性地开展相关保教工作。

（三）营造幼儿喜爱的环境

1. 入园前

教师可在区角中投放丰富的材料，引发幼儿对新环境的兴趣。例如：可以在娃娃家等区域张贴幼儿与家人的合影，帮助幼儿减少陌生感；还可以采取“开放日”等形式，允许家长带领幼儿提前进入幼儿园熟悉环境，认识幼儿园教师。

2. 入园后

（1）允许幼儿携带熟悉的物品来园。

幼儿园允许幼儿携带一件安全的、自己喜爱的物品来园，提升幼儿安全感。与幼儿说话时，教师要语气轻柔，面带微笑。教师应尽快记住每位幼儿的姓名及乳名，建议用乳名称呼初入园幼儿。班级幼儿较多时，教师可为幼儿制作胸牌，便于尽快熟悉。

教师可以通过带领幼儿参观幼儿园、与幼儿一起进行游戏等方式，提高师幼互动频率，迅速建立良好的师幼关系。

（2）入园初期宜以游戏和生活活动为主。

入园初期，教师可以利用游戏和生活活动转移幼儿注意力，帮助幼儿快速稳定情绪。教师可通过讲故事、做手指游戏等方式吸引幼儿注意力，或利用混龄班中“大带小”的优势，让年龄较大幼儿带领年龄较小幼儿一起游戏，建立亲密同伴关系。

全日制幼儿园开学第一周，幼儿园可将小班幼儿在园时间调整为半日，之后可依据幼儿适应情况，逐步延长在园时长至全日。

（3）做好家长工作。

教师应该要求家长坚持送幼儿来幼儿园，切忌三天打鱼、两天晒网，有事需请假；晨间送幼儿入园时，要求家长不多作停留；接幼儿离园时，要求接送人员尽量固定。幼儿如有特殊情况（如感冒、腹痛），家长应及时告知教师，以便教师给予更多的关注和照护。

七 如何建立班级一日常规？

班级一日常规是指幼儿园一日活动中，幼儿需要遵守的规则和规定，是幼儿园中基本的行为规范。一日常规的建立对幼儿园教育有着非常重要的意义，是帮助幼儿快速适应幼儿园生活、养成良好习惯的有效途径。

幼儿园需要建立的常规具体见表 2-1。

表 2-1 幼儿园班级一日常规的内容

活动内容	幼儿常规内容	教师可以这样做
入园	1. 衣着整洁、情绪愉快来园，能主动接受晨检。 2. 不携带危险物品来园，如小珠子、别针、药品、纽扣、牙签等，不带零食入园。 3. 有礼貌地与教师、同伴打招呼，主动和家长说再见。 4. 放好自己的物品后，自觉开展下一活动。 5. 能自主洗手，有序进餐。	1. 提前到园，开窗通风，做好室内外清洁。 2. 接待幼儿入园时，站在班级（幼儿园）门口能通观全局的位置。 3. 如果村级幼儿园没有条件统一晨检，则应进行入园检查。 一摸：摸摸幼儿额头，看看有无发热。 二看：查看幼儿手脚，看看是否出现疱疹等。 三问：向家长询问幼儿在家情况，了解身体情况。

续表

活动内容	幼儿常规内容	教师可以这样做
入园		四查：检查幼儿双手及手指甲是否干净卫生，有无携带危险物品入园。 4. 若班级有两位教师：一位负责组织已入园幼儿开展区域活动，清点出勤情况，并做好记录；另一位负责接待幼儿及家长。若仅一名教师，则以带班为主，接待家长为辅。 5. 入园环节不宜与家长过长时间交流，请家长视事情轻重缓急，在家园留言板留言，或通过短信、微信等方式留言，或下午所有幼儿离园后再与教师面谈。
体育活动	1. 能积极参加各项体育活动。 2. 能自主选择并熟练使用运动器材。 3. 在运动中能保护自己。如：知道运动前需热身，热身动作熟练，运动中能使用垫子保护自己；运动量大时进行自我调节，不舒服时能主动告知教师，发现危险知道避开等。 4. 知道使用自己的杯子按需饮水。 5. 能在教师的提醒下增减衣物。	1. 注意活动场地和运动器材的安全性。 2. 应站在能通观全局的位置，注意幼儿锻炼中的安全防护，避免事故发生；若发生意外，应立即报告并妥善处理。 3. 提醒幼儿注意安全，进行自我保护。 4. 鼓励幼儿与同伴一起制订并遵守活动规则。 5. 关注运动中幼儿的出汗情况，提醒幼儿自我调节运动量、自主饮水擦汗、穿脱衣物。 6. 对体弱幼儿加强观察照护。
教育活动（含集体、小组、个别活动）	1. 能积极、愉快地参加各种学习活动。 2. 活动中保持安静，不随便讲话影响他人。能倾听他人发言，不随意打断他人说话。 3. 坐姿、站姿、握笔姿势正确，懂得用眼卫生。	1. 做好充分的准备，采取适宜、有趣的方式，有效吸引幼儿注意力。 2. 控制好活动时长，讲解时间宜短，给予幼儿充足的操作、感知、体验、分享和互动时间。 3. 设计好座位摆放，准备好后再进行活动，可提高活动效果，帮助幼儿建立良好常规。

续表

活动内容	幼儿常规内容	教师可以这样做
教育活动（含集体、小组、个别活动）	4. 愿意动手体验和尝试，注意力集中，能积极思考并大胆表达。获得教师允许后发言，能使用普通话，声音响亮适宜，做到动手、动口、动脑。 5. 分区或分组活动时，能轻声说话、行走，能轻拿轻放椅子、玩具等；材料操作完后知道放回原处。 6. 独自操作时，不大声说话，不干扰他人。合作学习时，能积极参与计划制订及实施，分享自己的发现和观点。愿意倾听和接纳他人意见，合作开展活动。 7. 愿意协助教师准备学习用具、材料等，能正确使用并爱护学习用具、材料，学会与同伴轮流使用学习用具、材料。 8. 会珍惜自己和他人的活动成果、作品，能对他人和自己的作品发表看法和意见。	4. 混龄班或班级人数较多时，可安排分组活动：一组幼儿进行集体教育活动，另一组幼儿进行区域游戏活动。 5. 在活动前应稳定幼儿情绪，通过手指游戏、儿歌等方式集中幼儿注意力。 6. 教育活动中，应精神饱满，态度温和，举止端庄大方，语言生动，语速和音量适中。 7. 应注意提醒幼儿控制说话、唱歌的音量。
游戏活动（含室内外各项游戏活动）	1. 游戏时，能自主选择区域、材料、玩法、玩伴。 2. 进涂鸦区、沙水区时，能自主穿脱防污服和雨鞋。 3. 在游戏中能够遵守规则，不打扰他人，保护好自己。 4. 在游戏中积极投入，动手操作时勇于尝试、仔细观察，能与小伙伴一起游戏，能大胆表达与交流。 5. 出现问题时，能主动想办法解决；不能解决的问题能及时告诉教师。 6. 爱护游戏材料，能按照要求有序地收取材料。	1. 提供数量充足的游戏材料。 2. 鼓励幼儿自主选择游戏材料、游戏伙伴、游戏内容等。 3. 不轻易打断幼儿游戏。 4. 提醒幼儿注意安全。若发生意外，立即报告并妥善处理。 5. 帮助幼儿学会自我服务。 6. 利用游戏前谈话或游戏后分享等环节进行引导，可取得较好的效果。 7. 有目的地观察幼儿游戏，可使用手机、相机等设备对幼儿游戏过程进行记录。 8. 为幼儿游戏提供适宜的支持，思考游戏分享环节可引发幼儿讨论的内容。

续表

活动内容	幼儿常规内容	教师可以这样做
散步环节	散步时不追逐打闹，能自由地看、说、玩。	注意安全，散步时应提醒幼儿减小运动量。
用餐、盥洗、午睡、起床等生活活动	具体要求见“第三部分　生活照料”。	1. 帮助幼儿明白良好的生活习惯不是一天养成的，需持之以恒。 2. 可运用儿歌帮助幼儿养成良好的生活习惯，如《洗手歌》《穿衣歌》等。 3. 善用表扬，强化幼儿常规养成，如明确表扬幼儿饭前洗手、饭后漱口、用餐不说话等积极行为。 4. 生活活动中，应考虑不同年龄幼儿的发展差异，特别是在混龄班中。如：用餐环节可提供不同餐具，供不同发展水平幼儿选择；起床环节针对大班组幼儿和小班组幼儿的不同常规要求分别进行指导。 5. 混龄班可充分发挥“大带小”优势，开展“一帮一”活动，让大孩子协助指导和管理。如：在午睡环节，可以请年龄较大幼儿帮助年龄较小幼儿穿脱外套、系鞋带；在班级值日工作中，可以请年龄较大的幼儿协助年龄较小的幼儿共同完成任务等。
离园	1. 在离园前整理自己的仪表和物品，边自由活动边等待家长。 2. 在离园时将幼儿园的物品放回原处，拿好自己的物品。 3. 见到家长主动打招呼，主动向教师和同伴道别。	1. 在离园前开展较为安静的活动，帮助幼儿稳定情绪。 2. 站在靠门位置，关注幼儿及家长动向，清点幼儿人数，确认未被接走的幼儿都在班级内。 3. 严格核对接送幼儿的家长，委托接送的必须拨打家长电话确认。 4. 认真进行交接，亲自将幼儿交到家长手中，简单与家长交流幼儿在家、在园情况。若幼儿生病或当天表现异样，需充分告知家长并提醒家长注意观察。

续表

活动内容	幼儿常规内容	教师可以这样做
离园		5. 若有家长需要与教师进行细致交流，请其等候大多数家长接送完毕后再交流。 6. 若家长迟到，不能将还未接走的幼儿交给门卫或保安看护，应联系家长尽快来园。

八 幼儿园安全管理怎么做?

安全是幼儿园开展一切工作的必要前提和首要条件，没有安全保障，幼儿园保育教育也就无从谈起。教师需从以下三方面做起。

（一）入园、离园安全管理

乡村幼儿园教师经常会遇到家长请其他人代为接送幼儿、让幼儿跟随高年级哥哥姐姐一起回家或让幼儿自行回家的情况。如果这种行为造成幼儿受伤、走失、伤亡等事故，教师和幼儿园需负主要责任。因此，幼儿园需充分重视入园、离园环节。家长接送幼儿时，教师应做到以下三点。

第一，建立严格的幼儿入园、离园交接制度，教师和家长认真遵守。

第二，幼儿园与家长签订安全接送协议书，明确双方责任，确保各自权益。

第三，严格使用接送卡。家长接到幼儿后，教师提醒家长避免幼儿自行跑出幼儿园。当有其他人代为接送幼儿时，教师要向家长电话询问，得到肯定答复后，方可接走。坚决不允许未成年人接幼儿或让幼儿自行回家。未入园的幼儿要及时做好记录，向未请假的幼儿家长询问原因。

（二）生活活动中的安全管理

在日常生活中要注意以下“六防”。

1. 防止幼儿食物中毒和过敏

新生入园调查时，教师应提前了解幼儿是否有过敏史，详细记录幼儿姓名、过敏原、过敏反应等情况，使用便利贴等工具记录信息并贴在班级管理栏中，提醒保教人员，避免幼儿接触过敏原。如果发现食物有变质现象，不允许幼儿食用。外出时不允许幼儿食用野果。

2. 防止幼儿触电和火灾

电源插头必须安装在距离地面 1.7 米以上的位置，防止幼儿触电。幼儿午睡时，不点蚊香，不烧炭火，不使用电热毯。做到人走电灭、火灭。

3. 防止幼儿烫伤

严禁将盛放开水的装置放在幼儿能接触到的位置，严禁幼儿自己拿开水壶、烫饭等危险行为。幼儿饮用水需放置到适宜温度后，方能倒入供幼儿自取的水桶中。严禁幼儿直接使用有烧水开关的饮水机。

4. 防止异物入口鼻

严禁幼儿携带异物入园，区角材料中提供的珠子等操作材料应大于幼儿鼻孔。若提供种子等操作材料，教师应明确告知幼儿切勿将其放入口鼻，操作过程中教师应注意观察。午睡前教师检查幼儿是否将异物带到床上。

5. 防止幼儿乱服药物

药物须放置在幼儿拿不到的地方。因为幼儿园代喂药存在一定风险，教师应该严格依据当地教育行政部门规定，决定是否代喂药。

6. 防止幼儿走失

活动前后，特别是出园活动时，教师随时清点人数。

（三）游戏活动安全管理

1. 预防为先

根据幼儿园游戏活动环境，幼儿园制订详细的适合本园情况的“游戏活动安全管理制度”。在游戏活动中，教师在严格执行幼儿园制订的游戏活动安全制度的同时，应具有以下安全防范意识。

在活动前，教师要检查设施设备，确保设施安全、牢固，检查游戏场地是否有异物。

在活动中，教师确保幼儿运动前充分热身，运动后进行放松；教师要站在可以观察全局，安全风险较大时可以及时为幼儿提供必要帮助和保护的位置，加强游戏过程中的观察，避免幼儿发生意外。

在组织活动的过程中，幼儿不能离开教师视线。不让个别幼儿离开或单独呆在没有保教人员的地方。

发现问题或安全隐患时，教师要及时汇报，尽快排除安全隐患。

2. 增强幼儿的安全意识和自我保护能力

幼儿对危险的预知能力差，教师应在游戏活动开始前或使用新材料前，与幼儿一起讨论容易出现的危险情况，共同商量如何避免危险，并商议出相应的安全游戏规则。活动过程中，教师应提醒幼儿自觉遵守规则。活动结束后，教师也可组织幼儿讨论活动中的安全隐患及可以采取的防护措施。此外，教师还可通过各种游戏或教育活动，提高幼儿安全意识和自我保护能力。

九 如何处理幼儿园突发事件？

幼儿园突发事件，是指幼儿园突然发生的，造成或者可能造成严重危害的，需要采取应急处置措施予以应对的人身伤害、自然灾害、事故灾难、公共卫生或社会安全事件。其典型特征是事件的发生具有较强的不可预知性、突发性、偶发性、随时性。

应对幼儿园突发事件时，教师应做好以下工作。

（一）提前预防

第一，增强安全意识，加强学习。保护幼儿安全是教师工作的第一要务。乡村幼儿园可能是一村一园、一园一班、一班一师，教师往往需独自面对突发事件，因此教师需具备基本的安全教育知识储备。教师应认真学习《学生伤害事故处理办法》，积极参加相关培训，利用互联网掌握必要的安全知识和急救常识。此外，幼儿园还需定期组织家长开展安全知识讲座、安全知识宣传等活动。

第二，建立健全安全制度，认真落实。如门卫制度、食宿卫生制度、安全防护制度、疫情防控制度等。

第三，加强安全教育。幼儿园可组织开展多种形式的安全教育和宣传活动，如安全教育、安全防范演练等。同时，教师注重在游戏和生活中，帮助幼儿掌握安全知识及防护方法，提高幼儿自我保护能力。

第四，制订应急处理预案。幼儿园梳理容易发生的突发事件，制订多种应急预案，如防火预案、防毒预案、突发事件应急预案等。

第五，注重教师自身安全。部分乡村幼儿园地处偏远，教师数量少，年轻女教师多。建议教师留存当地村委会主任、片区民警、教办主任、中心小学校长、其他教师、附近居民等人员的联系方式。教师应注重自身安全，不独自在幼儿园住宿。若幼儿园只有一两名教师，可向村主任或上级教育主管部门申请入住村委会或公租房，或租住周围有村民的民房。教师可随身携带防狼喷雾、警报器等物品，注意上下班途中安全，避免天黑赶路，避免乘坐超载或无证车辆，下班离园前做好水、电、火等方面的安全管理。教师在生活上也应注意安全，不吃不认识的植物，不吃野生动植物，防止食物中毒。

第六，建议购买保险。建议幼儿园购买校园安全险，建议家长给幼儿购买人身保险。

（二）妥善处理

突发事件发生后，教师应保持冷静，立即启动应急预案，救人第一，争取把损失降到最低。施救后，幼儿园要做好事件处理和事件后的安抚工作，配合有关部门做好事故调查以及事故责任认定，做好善后赔偿等相关工作。面对有异议的家长，教师可依法进行处理。

案例 1. 突发事件后处理流程

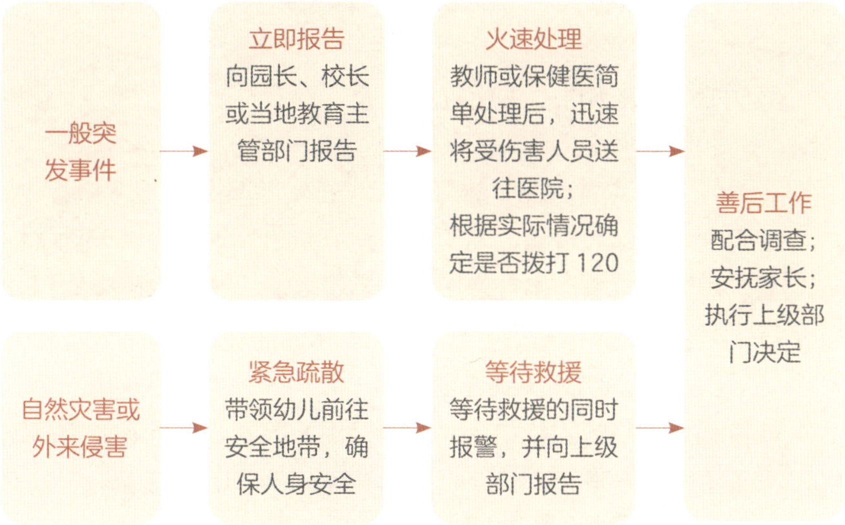

图 2-1　突发事件后处理流程

案例 2. 食物中毒事件发生后的处理

（1）就餐后，若多个幼儿出现呕吐、腹泻等现象，教师要根据幼儿症状严重程度和实际情况，将幼儿送往医院或拨打 120 急救电话，并向直管领导（园长或校长）汇报；若幼儿园无直管领导，则教师向直接管理幼儿园的教育行政部门汇报（如当地乡镇教办、区县教育局等），同时嘱托班级其他保教人员照顾并观察。幼儿离园时，教师嘱咐家长认真观察，若发现异常及时就医并报告幼儿园。

（2）教师提醒食堂人员保留食物样品和用餐器具，及时送卫生防疫部门检验，其间严禁无关人员进入食堂。

（3）教师及时与家长沟通，安抚家长及幼儿情绪，了解幼儿病情进展。

（4）根据有关部门处理建议或要求，幼儿园进行后续责任认定、赔付事宜。

案例 3. 火灾事件发生后应急处理

（1）教师全力疏散人员脱险逃生。

（2）火灾发生后，教师立即拨打 119 报警。报警电话中，教师要说明起火位置、着火物、火势大小、火场内有无化学物品、报警人姓名、单位及所用电话等情况，并派人员在醒目处等候消防人员。报警后，教师应及时报告主管部门。

（3）在消防人员到达前，若火势不大，教师可视情况组织成人救火。扑救固体物品火灾应使用灭火器；扑救液体物品火灾应使用灭火器、沙土、湿棉被等物品，不可用水救火。

（4）不得组织幼儿灭火。

十 幼儿出现“不良”行为，应该怎么做？

（一）幼儿出现攻击性行为怎么办？

攻击性行为可分为工具性攻击性行为和敌意性攻击性行为。工具性攻击性行为是指幼儿为了获得某个物品所做出的抢夺、推搡等动作，如幼儿为争抢玩具而发生争执、打架等行为。敌意性攻击性行为是指有意打击、伤害他人的行为。

以下措施可帮助幼儿减少攻击性行为。

第一，避免容易引发攻击性行为的环境，如：减少幼儿接触电视、电影中暴力镜头的机会，教师避免使用具有攻击性色彩的语言，等等。如果某些活动需要提供游戏枪等材料，教师需要做好引导工作，避免幼儿弄伤同伴。

第二，及时制止。教师发现攻击性行为要及时制止，若不及时制止，就是对幼儿攻击性行为的变相鼓励。

第三，帮助幼儿适当宣泄情绪。当幼儿出现烦恼、挫折、愤怒等消极情绪时，教师要教会幼儿合理宣泄。

第四，学会冷处理。幼儿发生攻击性行为后，教师可采用冷处理的方法，让幼儿明白自己做得不对，但切勿带领其他幼儿孤立发生攻击性行为的幼儿。待幼儿主动认错时，教师与幼儿一起回顾事件经过，共同寻找解决问题的办法。

第五，帮助幼儿学会换位思考，站在对方的角度思考问题。

第六，以身作则。家长和教师要以身作则，尽量避免出现语言、行为过激等情况。特别是在幼儿做错事时，避免使用打骂等攻击性行为惩罚幼儿，以免产生反面示范。

第七，培养亲社会行为。教师及时对幼儿的亲社会行为进行表扬和鼓励。

第八，可根据幼儿攻击性行为的类型，采取相应措施。如果幼儿发生的是工具性攻击性行为，教师应及时反思是否存在材料数量不足、摆放不当、规则不清等问题，若存在应及时调整；如果幼儿发生的是敌意性攻击性行为，教师应给予严肃批评，并教给幼儿适宜的人际交往方法，帮助幼儿学会礼貌待人，做好与家长的沟通合作等。

（二）幼儿喜欢告状怎么办?

随着幼儿道德感不断发展，告状行为逐渐增多，中班幼儿告状行为尤为突出。当幼儿出现告状行为时，教师首先要用尊重、理解的态度，认真倾听幼儿的告状，并从如下几点应对告状行为。

1. 分清幼儿告状动机，加以引导

检举类告状：一些幼儿希望以揭发检举他人的方式获得教师的表扬。遇到上述情况，教师不能当着告状幼儿的面批评被告状的幼儿，也不能鼓励告状行为。教师可以尝试这样对告状的幼儿说："你知道打人不对，这很好，那你看看有什么办法帮助他呢？"

为自己辩解的告状：教师要弄清情况，并与幼儿一起分析存在问题或冲突，促进问题解决或双方和解。

保护弱者类告状：当幼儿出现这类行为时，教师要认识到这是幼儿道德感发展的典型表现，应及时给予肯定。同时，与幼儿共同商讨解决这些问题的方法。

2. 尽量避免容易引发冲突、告状的情境

教师投放玩具时，应准备充足的操作材料方便幼儿自主游戏，避免幼儿互相争抢玩具。过渡环节应尽量减少幼儿的等待时间，避免幼儿因感到无聊而与他人发生冲突。

3. 引导幼儿学会自己解决冲突

教师在解决幼儿的行为问题时，应有意识地引导幼儿掌握人际交往方法，尝试自己解决矛盾和冲突。比如，引导幼儿学会运用礼貌用语来获得同伴的允许和帮助，掌握人际交往技能和技巧，培养幼儿独立解决问题的能力，减少告状行为。

（三）发现幼儿撒谎怎么办？

教师首先应分析幼儿撒谎的动机。部分幼儿因想象与现实混淆而撒谎，这种撒谎是无意识的，与道德无关，教师无需过分担心和紧张，持续关注幼儿行为即可。但如果幼儿为了避免受到惩罚而撒谎，教师需要告诉幼儿每个人都有可能做错事，只要能勇于承认错误、承担后果，就是负责任的好孩子，撒谎的方式不可取。同时，教师应调整对幼儿的期望，改变教育方式，如在幼儿做错事时，不打骂幼儿，与幼儿讲道理，帮助幼儿解决困难，在班级中形成和睦、关爱、信任的氛围。

（四）发现幼儿不经允许随意拿他人东西怎么办？

首先，教师要分析幼儿未经允许拿他人物品的原因。

对于年龄较小、物权意识不明确、看到喜欢的东西就想占为己有的幼儿，教师应明确告知幼儿，须征得他人同意后方可拿走他人物品，未经同意偷拿东西是不可取的。

对于偷拿他人东西想引起教师、家长注意的幼儿，教师除了告知行为错误外，还应在平时注重对幼儿的关注与关心，加强与家长的沟通联系。

对于因为家庭教育观念、家庭经济条件等因素出现偷窃行为的幼儿，教师要帮助幼儿树立正确的是非观，及时与家长进行沟通，纠正家长错误的教育观念，尽可能给予幼儿基本物质保障。

事情处理完毕后，教师应不允许任何人给幼儿贴上“小偷”标签。同时，“对症下药”，帮助幼儿养成良好的行为习惯。

（五）发现幼儿经常有退缩性行为怎么办？

部分幼儿容易出现羞于交往、怯于表达、遇事畏缩、害怕困难、不敢尝试等行为，针对这些情况，教师可以帮助幼儿克服退缩心理，培养自信心。

1. 提供表现机会

教师可以设计多种活动，帮助幼儿发现自己的长处，给予幼儿充分表达、表现的机会；鼓励并支持幼儿在其感兴趣的领域进行表达，增强自信心。

2. 不包办代替

教师应该给予幼儿自我服务和解决问题的机会，让幼儿获得成就感和解决问题的经验。

3. 制订适宜目标

制订目标时，教师应准确把握幼儿现有水平，针对不同年龄、个性、能力的幼儿提出不同的发展期望，不设置过高目标，以免幼儿总是因达不到目标而感到挫败。比如：在混龄班时，应针对不同年龄的幼儿设置不同目标；在活动过程中，可根据需要分组教学，不分组的情况下要注意留机会给小班组幼儿；在材料提供上，既要提供适合小班组幼儿操作的材料，也要提供适合大班组幼儿操作的材料。

图 2-2 “一村一园：山村幼儿园计划”项目照片（一）

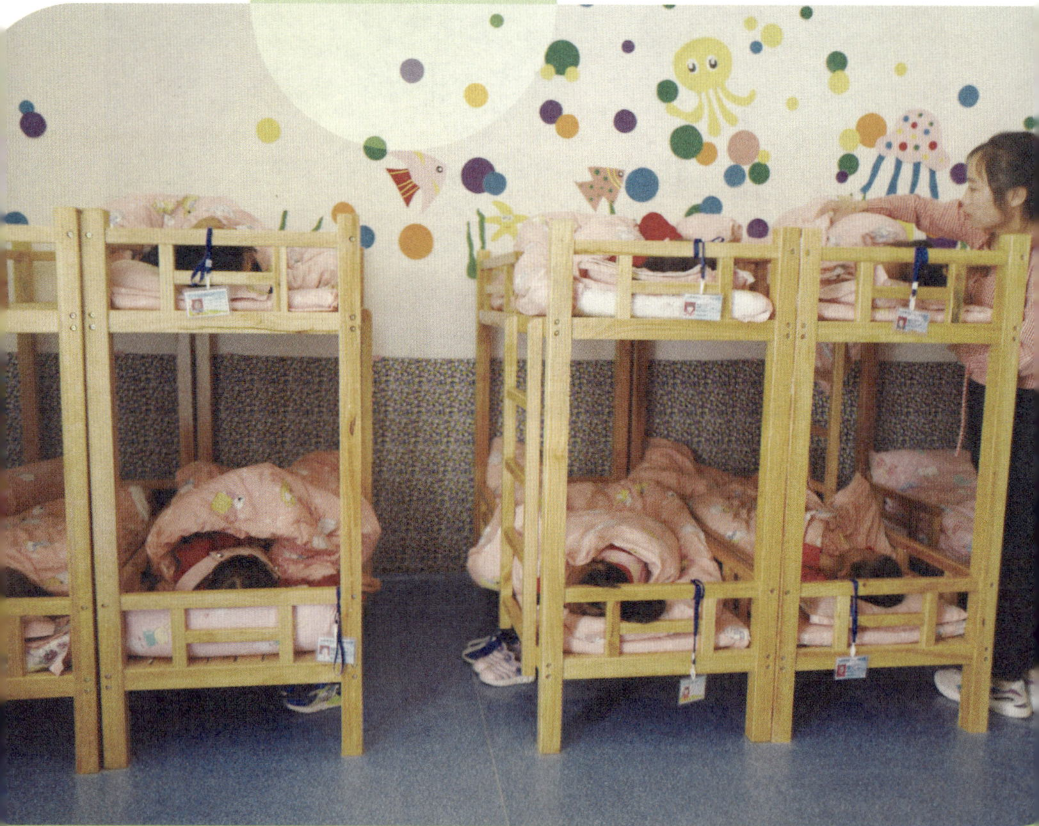

第三部分

生活照料

十一 幼儿挑食偏食、饭量少、吃饭慢、不专心进餐怎么办？

第一，少盛多添。教师可采取少盛多添的方式，逐步增加幼儿饭量，有利于幼儿在用餐过程中获得成就感，激发幼儿用餐兴趣和积极性。

第二，同伴示范。教师可有针对性地对班上进餐习惯好的幼儿进行表扬，对其他幼儿形成激励。

第三，注重体验。对于偏食的幼儿，教师可通过体验种植蔬菜、观察记录蔬菜生长、自己制作食品等方式，激发进食兴趣。

第四，加强引导。教师可采取食谱播报、餐点介绍等方式，引导幼儿进餐。在进餐过程中，教师可播放舒缓音乐，营造良好进餐环境。

十二 幼儿园应培养幼儿的哪些生活常规？

（一）饮水

能按需主动饮水，每天饮水量充足。

使用个人专用口杯饮水。饮水时手持杯把，杯口朝上。不在走路、说笑时饮水。

不浪费水，用完口杯后放回原处，摆放整齐。

（二）盥洗

自觉遵循轮流、等待原则，盥洗时不拥挤、不打闹。

知道节约用水，能够控制水流大小，用水后关紧水龙头；

知道以下环节应该及时洗手，如：进餐前、如厕后、活动完、放学后、接触钱币后、去医院或接触病人后。

知道正确洗手步骤，如七步洗手法。

知道饭后、喝牛奶后、起床后睡觉前要漱口，漱口方法正确（用自己的水杯盛半杯水，将漱口水含在嘴里鼓漱 3~5 次，低头弯腰轻轻吐进水池中；不昂头，不把水咽进肚中）。漱后能自觉将杯子放回原处摆放好。

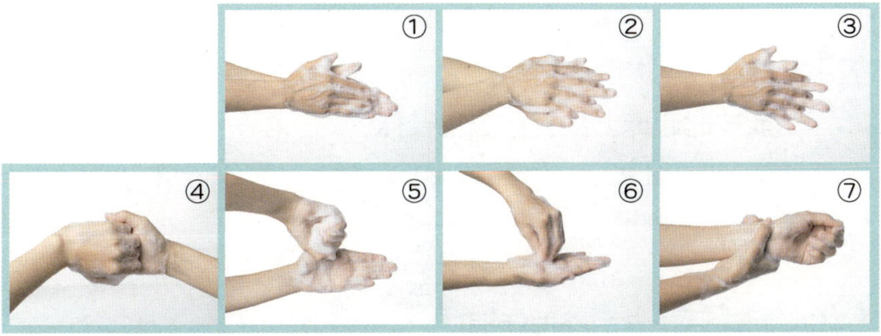

图 3-1　七步洗手法

（三）进餐

能安静、愉快、独立地进餐，进餐时会正确使用餐具，一手拿勺子或筷子，一手扶碗。知道饭菜要搭配吃，细嚼慢咽。自己吃、不挑食、不撒饭、尽量不剩饭菜。能根据自己的食量自主添餐。4~5 岁幼儿学习拿筷子，5~6 岁幼儿学会使用筷子。

进餐完毕后，能够分类放好餐具，用湿抹布擦桌子，自主检查并清洁桌面及地面的碎屑残渣，将垃圾放到指定处。

漱口等自我服务完成后，能自觉进入下一环节活动（如自选区域活动、户外散步等）。

（四）午睡

入睡前先如厕，轻声进入睡眠室。

能自己摆放枕头，拉开被子，按顺序脱衣（鞋、袜子、裤子、上衣），并折叠整齐，摆放在固定地方。

遵守睡眠规则，保持安静，不打扰他人休息；盖好被子，闭上眼睛，安静入睡。

养成良好的睡姿与睡眠习惯。

早醒的幼儿能安静地躺着或轻声行动，不影响他人休息。

（五）起床

1. 能按时起床，独立穿衣物鞋袜

知道穿衣方法：先将衣服披在肩上，两手伸进两袖，再翻衣领，前后衣襟拉平。

知道穿鞋方法：先分清左右；如有鞋带，穿好后系鞋带。

2. 起床后，学习整理床铺

叠被时，先将两条长边往中间折，再从短边两头往中间折，放置在床的固定一头；枕头放在被子上或放在被子对面。

十三 幼儿有哪些常见症状或常见病？应该如何处理？[①]

对幼儿来说，多种疾病都有可能呈现同一症状，同一疾病在不同年龄阶段、病程不同阶段的表现也可能不同。因此，只

① 本部分内容参考了王天有、申昆玲、沈颖主编的《诸福棠实用儿科学 第9版 上册》（人民卫生出版社2022年版）。

有及时送幼儿去医院进行诊断，才能发现真正的病因。以下列举生活中幼儿的常见病或常见症状及处理方式，仅供教师应急处理时参考。

（一）发热

1. 简介

在一般情况下，幼儿正常体温（腋下）为 36～37 ℃，体温超过正常范围的高限称为发热。根据体温高低（腋下测温），可将发热分为四类：37.5～38 ℃为低热，38.1～38.9 ℃为中度发热，39～41 ℃为高热，41 ℃以上为超高热。

发热可能是由不同原因导致的，常见原因如下：致热原性发热，是由各种病原体及其代谢物、疫苗等致热物质所致的发热，是最常见的发热机制；产热过多，即剧烈运动、惊厥、哭闹等引起的发热；散热障碍，即由环境温度、湿度过高（如中暑）、衣被过厚等引起的发热；体温调节功能障碍，由脑性瘫痪、颅脑损伤等引起的发热。

2. 处理方法

如果发现幼儿发热，教师应立即通知家长带幼儿到医院诊治。

在家长接走前，教师应密切关注幼儿身体状况。教师应加强护理，让幼儿卧床休息，多饮水，采取一些基本降温措施，如冰袋、温水擦浴等，不要自行给幼儿口服退烧药物。若幼儿体温超过 38.5 ℃或有热性惊厥史，必须打电话通知家长，请其立即将幼儿送往医院，密切注意病情变化。若幼儿有呼吸道症状、腹泻、皮疹等情况，应立即与其他幼儿隔离。

（二）呕吐

1. 简介

呕吐是指胃内容物或一部分肠内容物通过食管逆流出口腔的一种复杂的反射动作。呕吐可将有害物质从胃排出，对人体有一定的保护作用，但频繁而剧烈的呕吐可引起并发症。呕吐是幼儿生病时的常见症状之一，如果得不到及时正确的治疗，可能影响幼儿摄入营养物质，严重者会引起脱水和电解质紊乱。

引起呕吐的原因很多，常见原因如下：消化道感染性疾病，如胃炎、阑尾炎等；全身性感染性疾病，如扁桃体炎、呼吸道感染等；代谢紊乱，如尿毒症、代谢酸中毒等；急性中毒。

2. 处理方法

如果发现幼儿呕吐，教师应立即通知家长带幼儿前往医院诊治。家长接走前，教师应密切关注幼儿身体状况。如果幼儿呕吐呈现轻症，可帮助幼儿补充液体防止脱水；如果幼儿呕吐严重且频繁，则应禁食并立即送往医院就诊。

（三）腹泻

1. 简介

腹泻是以频繁排泄稀水样大便为特征的症状，表现为幼儿每日大便 3 次以上，大便呈稀便、水样便、黏液便或脓血便。部分患儿伴有食欲缺乏、呕吐、乏力等症状，出现尿少、口干唇裂、皮肤弹性减小、眼窝凹陷等脱水症状。腹泻按病程长短可分为急性（病程连续在 2 周之内）、迁延性（病程连续在 2 周到 2 个月之间）和慢性（病程在 2 个月以上）。

引起腹泻的原因很多，可分为感染性（如霍乱、痢疾）和非感染性（如饮食性腹泻、过敏性腹泻）。

2. 处理方法

如果发现幼儿腹泻，教师应立即通知家长带幼儿前往医院诊治。家长接走前，教师应密切关注幼儿身体状况。如果幼儿腹泻呈现轻症，可给幼儿补充液体，预防脱水；如果幼儿腹泻严重且频繁，则应禁食并立即送往医院就诊。

（四）惊厥

1. 简介

惊厥俗称“惊风”或“抽风”，是幼儿常见的紧急症状。表现为意识丧失，双眼凝视，斜视或上翻，头后仰，面肌及四肢呈强直性或阵挛性抽搐，呼吸暂停甚至青紫，惊厥后昏睡、疲乏。惊厥呈持续状态或者频繁发生，表示病情严重。

热性惊厥是婴幼儿时期最常见的惊厥性疾病，大多数是良性病程。教师和家长应了解如何应对急性发作，避免过度的紧张焦虑。

2. 处理方法

如果发现幼儿惊厥，教师应及时拨打 120 或卫生所电话，送往就医。在送往医院前，教师可以做如下紧急处理：

（1）注意观察患儿意识、瞳孔及生命体征变化，记录惊厥发作的具体表现。

（2）注意保护患儿，避免意外伤害，保持头部偏向一侧。

（3）维持呼吸道通畅，及时清除吐出的分泌物和呕吐物，不要向患儿口腔内塞入任何物品。

（4）不要用力按压患儿，以免造成骨折。

（五）腹痛

1. 简介

腹痛是指患者自觉腹部突发性疼痛，常为阵发性，部分伴有恶心、呕吐、出汗等症状。

小儿腹痛一般可分为功能性腹痛和器质性腹痛。功能性腹痛多由内科疾病如体质因素引起，以内科治疗为主。器质性腹痛常由外科疾病引起，如阑尾炎、腹膜炎等，常需手术治疗。

2. 处理方法

如果发现幼儿腹痛，教师应立即通知家长带幼儿到医院诊治。在家长接走前，教师应密切关注幼儿身体状况，应让幼儿卧床休息，注意保暖，不要让患儿进食。在病因诊断未明确前，禁止给幼儿服用止痛药，以免耽误病情。

（六）感冒

1. 简介

在医学上称为“急性上呼吸道感染”，是幼儿最常见的疾病。主要症状有鼻塞、流涕、打喷嚏、干咳、咽部不适和咽痛等，还会引起发热、烦躁不安、头痛、乏力、呕吐、腹泻等症状。

感冒的病原体以病毒为主，如呼吸道病毒、肠道病毒等。病毒感染后，上呼吸道黏膜失去抵抗力，细菌可乘虚而入，并发混合感染。此外，营养不良、缺乏锻炼、过度疲劳和有过敏体质的幼儿，因为身体防御能力降低，也容易感冒。

2. 处理方法

如果发现幼儿感冒，教师应提醒家长关注幼儿身体健康，及时就医。幼儿在园期间，教师应密切关注幼儿身体状况，具体建议如下：提醒幼儿注意休息，多饮水；不要自行给幼儿服药；关注幼儿运动、进餐及情绪状况，合理增添衣物。如果幼儿感冒严重，教师应立即联系家长带幼儿前往医院就诊。

（七）皮疹

1. 简介

皮疹是一种皮肤病变。其表现形式多样，从皮肤颜色变化到皮肤表面形状改变，有小有大，有的痒有的不痒。

根据发生时间和机制，皮疹分为原发性皮疹和继发性皮疹。原发性皮疹是由皮肤病的组织病理变化直接产生的皮肤损害，如斑疹、丘疹、囊肿等。继发性皮疹是原发性皮损经过抓挠、感染、治疗处理和在损害修复过程中演变而成的皮损，如鳞屑、溃疡等。

2. 处理方法

如果发现幼儿有皮疹，教师应立即通知家长带幼儿前往医院诊治。在家长接走前，教师应密切关注幼儿身体状况。对于出现皮疹的幼儿，教师应提醒幼儿不要抓挠皮疹位置的皮肤，不随意使用止痒药物。教师可让幼儿戴上手套午睡，防止入睡后无意识抓挠。同时，教师应提醒家长为幼儿穿着材质柔软的衣物，避免穿化纤和毛织品，注意饮食，不吃刺激性油腻食物，保持幼儿皮肤清洁。

（八）龋齿

1. 简介

龋齿俗称“虫牙”或“蛀牙”，是在以细菌为主的多种因素影响下，牙体硬组织发生的慢性、进行性、破坏性的一种疾病。龋齿会破坏牙齿的组织结构，情况严重会影响儿童营养摄入及颌面部和全身的正常生长发育。此外，早期的龋齿缺失可能会影响发音的清晰程度，对幼儿的心理发育造成不良影响。

龋齿是一种多因素疾病，与细菌、饮食及宿主等多因素相关。细菌在龋齿发病和发展过程中起重要作用，最主要的致龋细菌有变形链球菌和乳酸杆菌等。这些细菌与唾液中的黏蛋白和食物残屑混合在一起，黏附在牙齿表面和窝沟中。这种黏合物被称为牙菌斑或菌斑，其中的大量细菌使食物残屑或糖发酵产生酸性物质，造成菌斑下面的釉质表面脱矿溶解，形成龋洞。

2. 处理方法

如果发现幼儿出现龋齿，教师应提醒家长带领幼儿前往医院医治。此外，教师可给予幼儿和家长科学的建议，帮助幼儿形成良好的口腔卫生习惯。具体建议如下：早晚刷牙，进餐后刷牙或漱口，使用适合幼儿年龄的牙刷；平衡膳食，多食用蔬菜水果，增强咀嚼功能；限制幼儿摄入甜食和碳酸饮料；睡前不进食；等等。此外，幼儿可定期接受口腔检查。

（九）矮小症

1. 简介

矮小症在过去被称为侏儒症，矮小儿童是指身长低于同种族、同性别、同年龄正常儿童身长第三百分位或低于两个标准差的儿童，一般表现为生长发育迟缓、低体重、消瘦等。

导致矮小的原因非常复杂，与遗传、代谢、内分泌、营养、慢性病等因素有关。根据临床表现，矮小症可分为体型匀称和非匀称两大类。

2. 处理方法

如果发现幼儿身高明显低于同龄幼儿，教师应提醒家长带幼儿前往医院诊治。在园期间，教师应密切关注幼儿身体状况，给予幼儿和家长科学的建议。

（1）食育建议：餐前介绍食物，增进幼儿进食兴趣；按照“农村学前儿童营养改善计划”，保证幼儿每天一个鸡蛋、一杯牛奶，不可用含乳饮料代替牛奶；鼓励幼儿多摄入时令蔬菜和水果等营养丰富的食物。

（2）运动建议：鼓励幼儿适量进行体育锻炼，多做牵拉运动，如投球、摸高跳等，促进骨骼生长。

（3）家园沟通：加强家长宣传与沟通，如幼儿反复出现消化道、呼吸道感染等情况影响生长发育，应尽快就医治疗。如果有条件，提醒家长定期带幼儿进行体格检查，重视幼儿生长发育监测，及早发现生长迟缓现象。

（4）睡眠建议：提醒家长保证幼儿每天有充足的睡眠时间，促进生长激素分泌。

（十）肥胖或超重

1. 简介

儿童期的肥胖或超重，不利于幼儿身心健康，还容易发展为成人肥胖，增加患心血管疾病、呼吸道疾病、糖尿病等疾病发生概率。一般可以用身高体重指数（英文为 Body Mass Index，简称 BMI）来判断肥胖。

计算公式为：K = 体重（kg）/［身高（m）］^{2}。在中国，超重和肥胖的 BMI 界值点分别为 24 kg/m^2 和 28 kg/m^2。

根据病因，儿童肥胖症可分为单纯型（特发性、原发性）

和病理型（内源性、继发性）。

2. 处理方法

如果发现幼儿肥胖、超重，教师应提醒家长关注幼儿身体健康，给予幼儿和家长科学的建议。

（1）食育建议：帮助幼儿调整饮食习惯，减缓进餐速度，细嚼慢咽，可在确保幼儿摄入生长所需进食量的同时，逐渐控制幼儿进食量。提醒家长在家尽量为幼儿提供低脂肪、低糖、高蛋白、高微量元素、适量纤维素的食物，如牛肉、鸡肉、鱼肉、蔬菜、含糖量较低的水果等，少吃夜宵、零食，不用食物对幼儿进行奖励。

（2）运动建议：鼓励幼儿选择自己喜欢和有效、易于坚持的运动，如慢跑、踢毽子、跳绳、跳舞、打篮球、做操、散步等，每日坚持至少 30 分钟。运动强度以幼儿运动后轻松愉快、不感到疲惫为原则。

（3）家园沟通：要求幼儿承担一些力所能及的劳动，如当值日生，协助家长完成择菜、浇花、摆放碗筷等简单的家务劳动。

十四 幼儿易感染哪些传染病？应该如何处理？为什么要重视预防接种工作？[①]

如果班级出现疑似传染病例，教师应立即要求家长带领幼儿前往医院检查，谨遵医嘱治疗。同时，教师可参考列出的护理要点，提醒家长在家做好患儿的护理工作。幼儿园应按《学

① 本部分内容参考了王天有、申昆玲、沈颖主编的《诸福棠实用儿科学 第 9 版 上册》（人民卫生出版社 2022 年版）。

校和托幼机构传染病疫情报告工作规范（试行）》，处理传染病情况。

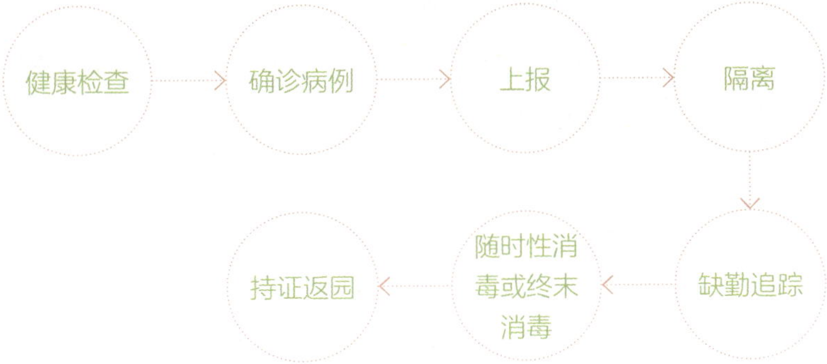

图 3-2　传染病防控工作流程（参考）

（一）幼儿常见传染病

1. 手足口病

（1）简介：

手足口病是由肠道病毒所致的儿童期急性传染病，常见于 5 岁以下儿童。引起手足口病的肠道病毒主要为柯萨奇病毒 A16 型和肠道病毒 71 型。

此病以手、足部出疹和口腔黏膜疱疹或溃疡为特征性表现，大部分患者在发病 5~7 天后自行缓解，少数患者可发展为重症。重症患者可能会出现脑膜炎、脑炎、脊髓炎等并发症，必须及早诊断、救治。

（2）处理方法：

如果发现幼儿患有手足口病，教师应立即通知家长带幼儿前往医院诊治。手足口病患儿应隔离，遵医嘱配合治疗。

由于手足口病病原及传染途径多样，幼儿容易感染，因此教师平时需注重幼儿园生活管理，做好个人及幼儿园的预防工作。

个人预防措施：要求幼儿饭前便后、外出后洗手；避免幼儿接触患者；手足口病流行期间，不带幼儿到人群聚集的公共场所；提醒家长保持家庭环境卫生，如勤晒衣被、做好居室通风等。

幼儿园预防措施：活动室和睡眠室保持良好通风；定期对玩具、个人用具、餐具等进行清洁消毒；帮助幼儿养成良好的卫生习惯。

2. 水痘

（1）简介：

水痘是由 VZV 原发感染引起的、具有高度传染性的疾病。水痘主要通过空气和直接接触传播。

水痘的潜伏期为 10～21 天。水痘出疹前可出现发热、食欲减退、头痛等症状。水痘的皮疹首发于头、面和躯干。最初的皮疹为强烈瘙痒的红色皮疹，然后发展为充满透明液体的水疱疹。24～48 小时内疱内液体变浑浊，且疱疹出现脐凹现象。

（2）处理方法：

如果发现幼儿患有水痘，教师应立即通知家长带幼儿到医院诊治。患有水痘的幼儿应隔离，并遵医嘱配合治疗。其污染物、用具可以通过煮沸或日晒等方式消毒。

水痘流行期间，幼儿园应加强晨检，提醒有接触史的幼儿接受隔离检查，提醒对水痘易感的幼儿和成人，做好水痘减毒活疫苗接种工作。

3. 麻疹

（1）简介：

麻疹是麻疹病毒感染所致的具有高度传染性的急性出疹性呼吸道传染病。麻疹患者是唯一的传染源，麻疹病毒可以通过直接接触和打喷嚏、咳嗽、说话等呼吸道分泌物飞沫传播。

典型麻疹患者的病程可以分为潜伏期（9~14天）、前驱期（2~4天）、出疹期、恢复期四个阶段。

（2）处理方法：

如果发现幼儿患有麻疹，教师应立即通知家长带幼儿到医院诊治。患有麻疹的幼儿应隔离，遵医嘱配合治疗。如果患儿有并发症，隔离期应延长。

麻疹流行期间，幼儿园应加强晨检，提醒家长做好幼儿麻疹疫苗接种工作，嘱咐家长在此期间尽量不带幼儿前往公共场所，提醒上呼吸道感染和发热的易感幼儿和有接触史的幼儿接受隔离检查。

4. 风疹

（1）简介：

风疹是风疹病毒引起的常见急性传染病，主要表现为发热、斑丘疹、耳后及枕后淋巴结肿大。风疹在冬春两季发病较多，在发生流行时，各年龄期幼儿均可发病，传染性强。风疹的病原体由口、鼻及眼部的分泌物直接传给他人，或通过呼吸道飞沫散播传染。一旦发现，需及时送患儿前往医院就诊。

（2）处理方法：

如果发现幼儿患有风疹，教师应立即通知家长带幼儿前往医院诊治。患有风疹的幼儿应隔离，遵医嘱配合治疗。教师需要密切观察与患儿接触过的幼儿，一旦出现症状需及时送医并隔离。

风疹流行期间，幼儿园应加强晨检，提醒家长做好疫苗接种工作，嘱咐家长在此期间不带幼儿前往公共场所。对与患儿有密切接触的幼儿，教师要密切观察，做好预防工作。

5. 流行性腮腺炎

（1）简介：

流行性腮腺炎是由流行性腮腺炎病毒引起的小儿常见急性呼吸道传染病，该病是以腮腺肿胀及疼痛为特点的非化脓性炎症。流行性腮腺炎的并发症较多，有些可引起严重后果。常见的并发症有脑炎、睾丸炎、胰腺炎、卵巢炎等。

流行性腮腺炎的流行高峰在冬季和春季，其他季节也有散发病例。本病主要见于年长幼儿，在集体机构中可暴发流行。传播主要途径为唾液飞沫传播。一次感染后，可获得终身免疫。

（2）处理方法：

如果发现幼儿患有流行性腮腺炎，教师应立即通知家长带幼儿到医院诊治。患有流行性腮腺炎的幼儿应隔离，遵医嘱配合治疗，直到腮腺肿胀完全消失。接触者应逐日检查，见有可疑症状，需隔离观察。

如果幼儿园有病情暴发，应检疫 3 周。同时，确保幼儿园室内空气流通，做好消毒工作。

6. 流行性感冒

（1）简介：

流行性感冒简称流感，是由流感病毒引起的常见急性呼吸道传染病，经呼吸道飞沫传播，传播力强，人群普遍易感。流感病毒可分为甲（A）、乙（B）、丙（C）、丁（D）四型。

（2）处理方法：

如果发现幼儿患有流感，教师应立即通知家长带幼儿到医院诊治。患有流感的幼儿应入院治疗或居家休养，并采取隔离措施，避免或减少与他人接触。

流感暴发时，幼儿园应加强晨检。为切断传播途径，必要时幼儿园需要停课，闭园消毒。消毒时，工作人员应戴口罩，进出换外衣和鞋子，做好防护工作。

7. 新型冠状病毒感染

幼儿园应建立常态化疫情防控机制，按照国家卫健委发布的最新版文件的要求，做好防控工作。

（二）预防接种

按照季节和程序完成免疫接种，是增强免疫力、保护易感人群、阻断传染病的重要措施。

预防接种制剂对人体来说是一种外来刺激，部分人群在接种疫苗后可能会出现全身或者局部反应。因此接种疫苗前需要和医生说明真实情况，判断是否符合接种条件，切忌隐瞒。接种后需要遵照医嘱，如果出现严重不良反应需要及时前往医院，对症治疗。

表 3-1　国家免疫规划疫苗儿童免疫程序表（2021 年版）

可预防疾病	疫苗种类	接种途径	剂量	英文缩写	接种年龄														
					出生时	1月	2月	3月	4月	5月	6月	8月	9月	18月	2岁	3岁	4岁	5岁	6岁
乙型病毒性肝炎	乙肝疫苗	肌内注射	10 或 20 μg	HepB	1	2					3								
结核病[1]	卡介苗	皮内注射	0.1 ml	BCG	1														
脊髓灰质炎	脊灰灭活疫苗	肌内注射	0.5 ml	IPV			1	2											
	脊灰减毒活疫苗	口服	1 粒或 2 滴	bOPV					3								4		
百日咳、白喉、破伤风	百白破疫苗	肌内注射	0.5 ml	DTaP				1	2	3				4					
	白破疫苗	肌内注射	0.5 ml	DT															5
麻疹、风疹、流行性腮腺炎	麻腮风疫苗	皮下注射	0.5 ml	MMR								1		2					
流行性乙型脑炎[2]	乙脑减毒活疫苗	皮下注射	0.5 ml	JE-L								1			2				
	乙脑灭活疫苗	肌内注射	0.5 ml	JE-I								1、2			3				4
流行性脑脊髓膜炎	A 群流脑多糖疫苗	皮下注射	0.5 ml	MPSV-A							1		2						
	A 群 C 群流脑多糖疫苗	皮下注射	0.5 ml	MPSV-AC												3			4
甲型病毒性肝炎[3]	甲肝减毒活疫苗	皮下注射	0.5 或 1.0 ml	HepA-L										1					
	甲肝灭活疫苗	肌内注射	0.5 ml	HepA-I										1	2				

注：1. 主要指结核性脑膜炎、粟粒性肺结核等。
2. 选择乙脑减毒活疫苗接种时，采用两剂次接种程序。选择乙脑灭活疫苗接种时，采用四剂次接种程序；乙脑灭活疫苗第 1、2 剂间隔 7~10 天。
3. 选择甲肝减毒活疫苗接种时，采用一剂次接种程序。选择甲肝灭活疫苗接种时，采用两剂次接种程序。

十五 幼儿在园发生意外，应该如何处理？[①]

（一）动物咬刺伤

常见的动物咬刺伤有毒蛇咬伤、犬咬伤、猫抓伤、蜂刺中毒等。动物咬刺伤是可以预防的。教师应该在幼儿园安全教育中，增强幼儿安全意识，避免幼儿与危险动物接触。对于猫、狗等常见动物，幼儿也应在成人看护下接触，避免发生意外。

1. 毒蛇咬伤

蛇毒可分为神经毒性、血液毒性、组织和肌内毒性、心血管毒性。毒蛇咬伤引起的中毒程度与毒蛇的毒物成分、毒力、进入身体的蛇毒量及被咬者的年龄、体格、咬伤部位等有关。

如果幼儿被蛇咬伤，要抓紧时间送往医院急救，防止蛇毒继续蔓延。如果不能辨别是否是毒蛇咬伤，应按照毒蛇咬伤处理，及时送幼儿前往就医。在送被咬幼儿前往医院途中，可以用止血带或布条等绑扎伤口近心端，以达到阻断静脉血和淋巴回流为度，结扎时间 20~30 分钟，然后放松 2~3 分钟再绑扎。

2. 犬咬伤

犬咬伤的主要表现有牙痕、撕裂伤等，同时还可以导致狂犬病。狂犬病是一种非常凶险的病毒性疾病，一旦发病，死亡率极高。

一旦幼儿被犬咬伤，即使只留牙印痕迹，也必须立即对伤

① 本部分内容参考了王天有、申昆玲、沈颖主编的《诸福棠实用儿科学　第 9 版　上册》（人民卫生出版社 2022 年版）。

口进行清洗消毒，去除所有狗涎。可以先用肥皂水或流动的自来水冲洗。如果伤口较深，则建议送幼儿前往医院清洗伤口。此外，被犬咬伤后应立即注射狂犬病疫苗，越早注射效果越好。

3. 猫抓伤

猫抓伤的主要表现为局部皮肤损伤，即无出血的轻微伤痕、伴出血擦伤或裂伤。猫抓伤还有可能引起猫抓病，若有症状，需及时就医。

一旦幼儿被猫抓伤，若伤口较浅，可用酒精或碘酊涂擦消毒，待其自然止血。如果伤口较深，可送往医院清洗伤口。此外，猫抓伤也有可能引发狂犬病，也需注射狂犬病疫苗。

4. 蜂刺中毒

根据种类不同，蜂刺毒汁的成分和中毒临床表现不尽相同。

蜜蜂蜇伤的表现为局部灼痛、红肿，刺点的中心可见一黑色小点，即残留的蜂刺，可引起局部化脓。幼儿被蜜蜂蜇伤后，可用肥皂水、淡石灰水等弱碱性溶液外敷，中和毒素。

黄蜂毒汁毒性比蜜蜂毒汁更强，引发的反应更严重。黄蜂蜇伤的局部症状较重，患处疼痛明显，刺点红肿无蜇刺，有时起水疱或在刺点周围有出血点。轻度反应有发热、头晕、恶心、呕吐等，严重者会出现昏迷、休克甚至死亡。幼儿被黄蜂蜇伤后，可用醋等弱酸性溶液中和毒素。

有过敏体质的人，即使被单一蜂蜇伤，也可能引起水肿、哮喘、过敏性休克等症状。因此，如果幼儿蜇伤后反应严重，应立即送往医院治疗。

（二）软组织损伤

软组织损伤是指人体骨骼之外的皮肤、皮下组织、肌肉等组织损伤。这些组织受到外来致伤因素的作用，造成组织破坏和组织生理功能紊乱，是儿童最常见的意外伤害损伤类型。

1. 擦伤

擦伤是指皮肤表皮或部分真皮的损伤，即通常说的“擦破皮”。

受伤后，若创面无明显污染，可用生理盐水冲洗后，外涂强力碘溶液，以后反复涂药几次，直至创面结痂。若创面污染严重，则需要送幼儿前往医院清创，去除创面异物。

2. 挫伤

挫伤是身体因碰撞或挤压而产生的皮肤完整的软组织损伤。表现为局部肿胀疼痛，皮肤青紫或有瘀斑。关节附近的挫伤肿胀明显，可引起肢体功能或活动的障碍。

幼儿受伤 24 小时内，可采取局部冷敷，起到止血消肿止痛作用。关节附近的挫伤，可用弹力绷带加压包扎或以夹板固定。

3. 血肿

血肿是指受伤后皮肤完整，血液渗出血管外聚集在组织中，俗称“青包”。常见部位在皮下、筋膜下、肌肉。因受伤情况和受伤部位不同，可发生不同的血肿。

多数血肿可自行吸收，早期冷敷，24~48 小时后改为理疗、热敷或中药外敷。若是大血肿，需前往医院，咨询医生用药。

4. 裂伤

裂伤是皮肤全层及皮下软组织裂开的创伤，即常说的“磕破了个口子”。通常因跌落、切割、撕拉等引起，幼儿行走摔倒、头部撞到桌角导致头皮磕破口子等是常见的裂伤类型。

幼儿受伤后，教师需及时联系家长，送幼儿前往医院止血、清创、缝合。如果幼儿园离医院较远，则在运送过程中教师需要做止血处理。小的伤口可用创可贴敷于患处，大的伤口用无菌纱布盖住患处，直接局部加压止血。

（三）烧烫伤

烧伤是指由于热力或某些物理、化学因素引起的组织损伤。它常见于体表，包括皮肤、皮下组织、肌肉骨骼等，也可以发生于眼、口、呼吸道等部位。根据原因，可分为热力烧伤、化学烧伤、电能烧伤、放射能烧伤。

如果发生烧伤，现场急救时应遵循以下原则。

首先，帮助幼儿迅速脱离热源。烧伤时帮助幼儿就地打滚扑灭火焰，或用水、灭火器等将火扑灭。烫伤时迅速脱去热液浸透的衣服。酸碱烧伤则立即用大量自来水冲洗。石灰粉烧伤应先去掉粉粒后再用清水冲洗，避免石灰遇水产热而加重烧伤。

脱离热源后，要将患儿及时就近送往医院救治，运送过程中应继续抢救并注意患儿的精神、呼吸、脉搏及血压情况。

运送过程中，若无专业人员，随行人员可进行简单急救：用冷水冲洗受伤部位，保持创面清洁，创面处用食物保鲜膜或清洁纱布包好，切勿用牙膏、油膏等涂抹创面。若幼儿出现呼吸循环障碍，应立即进行心肺功能支持。在运送过程中，应保持幼儿呼吸畅通，头后仰使气道呈直线有利于通气，然后头偏向一侧以防呕吐时误吸入呕吐物。

（四）溺水

溺水是指淹没或浸入液体中导致呼吸障碍的过程。一旦发现溺水者，应尽快通过各种方法将其救出水面，但施救者一定要保证自身安全，不要贸然下水。

溺水者被救助上岸后，应将溺水者仰卧，迅速检查溺水者反应和呼吸。如果溺水者神志不清但有自主呼吸，将溺水者置于侧卧位。如果溺水者无自主呼吸，应立即给予人工呼吸。对于有明显颈椎受损证据的溺水者，如跳水或非目击溺水者，救治时应考虑颈椎固定。

溺水者出现心搏骤停的主要原因是缺氧，最重要的抢救措施是通过改善通气纠正缺氧。因此溺水后心肺复苏步骤应按照传统的 ABC（开放气道一人工呼吸一胸外按压）顺序进行。开放气道与人工呼吸方法与一般呼吸心搏骤停者相同。开放气道后，立即给予 2 次有效人工呼吸。如人工呼吸后检查未触及脉搏，立即进行胸外心脏按压，并按照常规人工呼吸与胸外按压比例进行，直到自主循环恢复。胸外按压或正压通气时，溺水者可能出现呕吐，应将溺水者头转向一侧并用手指清除呕吐物，防止误吸进一步损伤肺部。

所有经过任何复苏措施的溺水者，即使意识清楚且心肺功能看似正常，仍需送至医院进行评估和监护。

儿童溺水是可以预防和监控的。幼儿园可开展安全健康教育，增强家长和幼儿的安全意识。如果幼儿园附近有水域，需加强监控，保障水域安全。

（五）触电或雷击

幼儿触电的原因多为用手触摸电器、电源插孔或手抓电器的断端，或下雨天在树下避雨时遭到雷击。

一旦发现幼儿触电，应尽快让幼儿脱离电源。关闭电源离开电闸，用干木棍或竹竿拨去搭在幼儿身上的电线，把幼儿推离电源现场。施救者不能用手直接推或拉触电幼儿。

脱离电源后，应立即将幼儿送往医院抢救治疗。运送过程中，若发现幼儿呼吸停止，应立刻进行人工呼吸。对已昏迷、心跳停止、瞳孔扩大的幼儿，也应积极抢救。因为触电后，由于电流的强刺激作用，常出现“假死”现象，因此心肺复苏不可间断。

儿童触电是可以预防的。在幼儿园教育中，应让幼儿了解正确的用电知识，了解触电后的严重后果。在日常工作中，教师应认真检查电器运行情况，杜绝漏电；电源装置放在幼儿不能触摸到的地方，避免接触；户内电线、变压器材等危险带电设施，应妥善安装防护网栏，以减少触电隐患。

（六）交通意外伤

儿童交通意外伤的类型可分为交通伤和车祸伤。交通伤是指幼儿作为行人在户外活动、行走及玩耍时被行驶的机动车撞伤，俗称“车撞人”。车祸伤是指幼儿作为机动车乘客坐在行驶的汽车内，乘坐的机动车与其他机动车发生碰撞、翻车等事故，造成车内乘员伤亡，俗称“人撞车”。

幼儿被机动车撞伤后，在未确定伤情时，尽量不要盲目搬动患儿，保持平卧体位。尽快电话呼叫 120，通知急救车前往现场，让专业人员进行救治。

（七）异物误入

常见的异物误入有气管、支气管异物、外耳道异物、鼻腔异物。这些异物误入是可以预防的。教师、家长和幼儿都应加强安全意识，避免意外发生。如：幼儿进食时，不能乱跑乱跳，不要惊吓、挑逗或责骂幼儿；帮助幼儿改掉口含笔帽、小玩具的习惯，幼儿可能吸入或吞下的物品不能作为玩具；让幼儿了解异物误入的严重后果，养成安全意识；等等。

1. 气管、支气管异物

气管、支气管异物可分为内生性和外源性。内生性较少见，与疾病有关。外源性较为常见，即小儿不小心将异物吸入。

发现幼儿气管或支气管有异物后，自然咳出的概率只有1%。不可用手掏，不可让幼儿强行吞咽，不可使用吞咽饭团、喝醋等方法，应立即送幼儿就医。

如果幼儿因气管堵塞后无法呼吸，可用海姆立克急救法予以急救：教师站在幼儿身后，幼儿身体向前倾，教师两手臂从幼儿胳膊下绕过，一手握拳，将拳头的拇指放在幼儿肚脐与胸骨之间，另一只手抓住拳头，双手臂用力收紧，快速用力向内向上冲击，重复该动作直到异物排出。

2. 外耳道异物

外耳道异物是指幼儿无意将异物塞入外耳道内，如小玩具、小珠、石块、豆类、纸团等。异物堵塞耳道会影响听力，有时会引起疼痛。

取出外耳道异物时，不要用挖耳勺或棉签掏耳朵。如果是金属物入耳，则将头侧偏向有异物的一方，单脚跳动；如果是豆类入耳，则用植物油滴耳，头侧向有异物的一方，单脚跳动；如果是昆虫入耳，在暗处用电筒照耳朵。若采用上述方法无效，应立即就医。

3. 鼻腔异物

鼻腔异物是指幼儿将糖纸、果核、豆类等物体塞入鼻内。

发现幼儿鼻腔内有异物时，不要用手或硬物抠鼻子，应按住无异物的一侧鼻孔，用力呼气，或用纸捻刺激鼻孔打喷嚏，使异物喷出。若采用上述方法无效，则应立即就医。

（八）中暑

中暑是人体热平衡和水盐代谢紊乱引起的以中枢神经系统和心血管障碍为主要表现的急性综合病症。高温作业、强烈辐射环境下容易发生中暑。中暑可分为中暑先兆、轻症中暑和重症中暑。

中暑先兆一般是患者在高温作业场所劳动一定时间后，出现头昏、头痛、口渴、多汗、全身疲乏、心悸、注意力不集中、动作不协调等症状，体温正常或略有升高。

轻症中暑是中暑先兆继续发展后的症状，表现为面色潮红、大量排汗、脉搏加速、体温升高。

重症中暑可分为热射病、热痉挛和热衰竭等。热射病（包括日射病）亦称中暑性高热，其特点是在高温环境中突然发病，体温高达 40 ℃以上，早期大量出汗、继之“无汗”，可伴有皮肤干热及不同程度的意识障碍。热痉挛主要表现为明显的肌痉挛，伴有疼痛。好发于活动较多的四肢肌肉及腹肌等，尤以腓肠肌为著，常呈对称性。时而发作、时而缓解。患者意识清醒，体温一般正常。热衰竭起病迅速，表现为头昏、头痛、多汗、口渴、恶心、呕吐，继而皮肤湿冷、血压下降、心律紊乱、轻度脱水，体温稍高或正常。

中暑先兆与轻症中暑的处理比较简单，暂时脱离高温环境，采取一般性降温措施如饮清凉饮料、到通风阴凉处休息，可迅速好转。重症中暑则需要送往医院进行治疗，迅速予以物理降温和（或）药物降温，纠正水与电解质紊乱。

（九）鼻出血

鼻出血是指血液由鼻腔流出，常由于鼻、鼻窦及其邻近部位局部病变、外伤，以及某些影响鼻腔血管状态和凝血机制的全身性疾病引起。幼儿鼻出血的常见病因有外伤、鼻腔异物、鼻腔炎症、肿瘤、急性发热性传染病、血液病、营养障碍或维生素缺乏等。

对于鼻出血的处理，首先要止血，在达到止血目的后，再确认具体原因，决定是否送幼儿前往医院检查治疗。

止血时，幼儿身体坐直，头向前微倾，教师用手按压流血一侧的鼻翼，按压 5~10 分钟至不出血，另一侧未流血的鼻孔不必压迫。可用毛巾冷敷脖颈，帮助鼻部血管收缩。不可让幼儿向后仰头或举起手臂，以免发生鼻血倒流至气道引起窒息，不要在幼儿鼻孔里塞入药棉、手绢、纸巾等填充物。若采用上述方法无效，则应立即就医。

温馨提示

乡村幼儿园常备医疗用品建议：碘伏、双氧水、医用酒精、棉签、创可贴、水银体温计、体温枪、冰袋、退烧贴、消肿止痛酊、清凉油、风油精、烧伤膏、医用胶布、医用纱布、绷带、压舌板等。

注意：常备医疗用品需要根据幼儿园实际情况和教师情况进行准备，放置安全处，以免幼儿误食误用。使用时谨遵医嘱，避免错误使用造成二次伤害。

“美丽乡村”学前教育丛书

第四部分

环境创设

十六 幼儿园可以设置哪些活动区？

（一）美工区

在美工区，教师可提供绘画材料（蜡笔、水彩笔、铅笔、水粉颜料、丙烯颜料等）、纸类材料（打印纸、旧报纸、卡纸、水粉纸、亮光纸、皮纹纸、泡绵纸、包装纸、宣纸等）、工具材料（剪刀、尺子、双面胶、胶水、泡棉胶、压花机、毛笔、刷子等）、半立体材料（乒乓球、有色毛根、保丽龙球、缎带、布艺胶带、彩色纱、花布、纽扣、木头等），还可回收利用各种包装盒、纸、石头、树叶、松果等，供幼儿进行美术创作。

美工区应设置在光线充足、靠近水源、容易清扫的位置，同时要设置幼儿作品展示和晾晒的空间和设施。教师也可在户外，利用不同墙面或材料，设置不同材质的涂鸦材料，如利用粉笔墙、瓷砖墙等，或投放立体物品，如石头、废旧家具、废旧农用机器、废旧瓦罐、筒子等，供幼儿涂鸦。设置户外涂鸦

图 4-1 室内美工区

图 4-2 户外美工区

材料时，注意尽量与室内涂鸦材料互补。

（二）建构区

建构区可分为小型建构区（一般在室内）和大型建构区（一般在户外）两种形式。小型建构区可为幼儿提供单元积木、拼插积塑等易于建构的玩具。大型建构区可将大型积木、空心积木、木板、梯子等建构材料与海绵垫、轮胎等联合使用。教师也可提供纸箱、纸杯、易拉罐、奶粉桶、PVC 管等废旧物品，作为辅助材料进行建构。

建构区可设置在宽敞、平整的地面空间，人流量较少的通道，以免为幼儿建构带来干扰。室内建构区建议铺设平整的泡沫垫、地垫等其他可减少噪声的地面。教师可将建构区设置在角色区附近，方便幼儿跨区开展想象游戏。积木应放在方便取放的架子或柜子内，并配上相应标识，方便幼儿分类取放。

图 4-3　室内建构区

图 4-4　户外建构区

（三）角色游戏区

角色游戏是指幼儿以模仿和想象，通过扮演角色创造性地开展反映生活的游戏。角色游戏的主题一般有娃娃家、美发屋、超市、小吃店、邮局、银行、小医院等。小班一般为生活模仿类游戏，如娃娃家，可以模仿家庭环境进行布置，为幼儿提供烹饪和进餐用具、家务劳动用具、家具等；中、大班可逐步丰富角色区主题，如医院、餐厅、超市等；大班的角色区可融入数学的学习与应用，如为“小超市”的物品设置价格，为幼儿提供“货币”用于买卖。

角色游戏不仅仅发生在角色游戏区，幼儿可在任何场所、使用任何材料开展各类主题的角色游戏，因此教师切不可对幼儿发生角色游戏的场所、主题、使用材料、玩法、情节等作过多的限制。

图 4-5 角色游戏区（一）

图 4-6 角色游戏区（二）

（四）表演区

在表演区，教师可为幼儿提供小舞台、表演道具、简单乐器、音乐、表演服装等，支持儿童进行表演游戏。教师可以提供废旧材料，供幼儿进行打击乐表演，如利用锅碗瓢盆进行打击奏乐、用矿泉水瓶自制响筒等。

表演区可设置在活动室某个角落、走廊等位置，但应注意远离阅读区、益智游戏区等安静区域。教师也可在室外为幼儿提供此类游戏材料，供幼儿随时开展表演游戏，或联合建构区、角色游戏区等开展表演活动。

图 4-7　幼儿自行用木板搭建的表演小舞台（一）

图 4-8　幼儿自行用木板搭建的表演小舞台（二）

（五）益智游戏区

在益智游戏区，教师可为幼儿提供益智类玩具，如棋类、拼图、数字积木、分类图卡、数字卡、扑克牌等，益智游戏有助于培养幼儿专注、细致、有序的学习习惯和喜欢动手动脑的良好学习品质。

益智游戏区应设置在相对安静的环境中，远离角色游戏区、表演区、建构区等较为吵闹的区域。教师可以设置玩具柜，张贴相应标识，供幼儿取放。

图 4-9　益智游戏区（一）

图 4-10　益智游戏区（二）

（六）科学区

在科学区，教师可提供有助于幼儿进行自由探索、实验、感知、观察的操作材料，供幼儿观察探究、比较分析，观察科学现象和变化。教师可投放手电筒、放大镜、望远镜、镜子、磁铁、动植物标本、天平、钟表、卷尺或直尺、沙漏等探究和测量工具。探究材料应放置在置物架或玩具柜上，柜子台面上可放置鱼缸、盆栽等供幼儿观察动植物生长的容器等。所有物品都应贴上图文标签，便于幼儿取放、识别。

图 4-11　科学区（一）

图 4-12　科学区（二）

（七）图书区

在图书区，教师可提供适合幼儿阅读的书籍，同时提供舒适的椅子、地垫等，方便幼儿阅读，创造温馨的阅读环境。阅读材料包括各类书籍、杂志、相册等，可以是正式出版物，也可以是自制图书。图书区应设置在靠窗、安静的位置，可靠近美工区，方便幼儿利用美工区材料进行记录和创作。图书应露出封面，摆放在书架上。教师要对图书的内容进行检查，确保内容符合幼儿园的教育要求。

图 4-13　图书区（一）

图 4-14　图书区（二）

（八）沙水区

在沙水区，教师应提供沙、水等材料供幼儿开展游戏。教师应为幼儿提供洁净的沙水，供幼儿进行装、倒、舀、灌、刷的容器、工具和玩具，和供幼儿开展沉浮、溶解、传动等探究活动的材料，如 PVC 管、竹筒、盆子等。同时，教师应为幼儿准备雨衣（或防污服）、雨鞋、清扫工具等。

图 4-15　沙水区（一）

图 4-16　沙水区（二）

（九）体能运动区

在体能运动区，教师可设置供幼儿开展走、跑、跳、投掷、平衡、钻爬、骑行等体能锻炼活动的设施及材料，如跑道、车道、斜坡、荡桥、秋千、攀爬墙（架）、轮胎、长木板、滚筒、自行车等。教师还可支持幼儿开展民间体育游戏和其他富有创意的游戏，如踩高跷、抽陀螺、滚铁环等。

图 4-17　体能运动区（一）

图 4-18　体能运动区（二）

（十）种植养殖区

在种植养殖区，教师可根据季节特点，栽培植物、饲养动物，或陈列动植物标本等。教师应为幼儿提供观察记录表及纸、笔等，引导幼儿将观察到的内容记录下来。

图 4-19　种植养殖区（一）

图 4-20　种植养殖区（二）

十七 怎样布置活动室环境？

（一）空间的组织与安排

安排活动区时，教师应考虑如下问题：活动区分布是否合理？是否互不干扰、动静分离？是否方便幼儿行走？是否存在视觉“死角”？是否方便教师观察全局？各区域空间安排是否能满足使用需求？活动区的数量和种类是否能满足本班所有幼儿进行游戏的需求？

教师在规划活动区时，应将相关联的区域毗邻设置，便于幼儿将相邻区域的游戏材料结合起来开展游戏活动。教师还应考虑用水和光线需要，如图书区、自然角应设在光线充足的地方，美工区应尽量靠近水源。

教师应注意，活动区不是一成不变的，应鼓励幼儿根据兴趣和需求，打破区域和材料的划分，创造性地开展游戏活动。

（二）环境的安全舒适

教师可以运用地垫、抱枕、靠垫、窗帘、墙饰等柔软材料，为幼儿营造温馨舒适的活动环境。活动室墙面应选择使用令人放松的颜色，如白色、米黄色、淡蓝色等，避免使用视觉冲击力强的颜色，如红色、橘黄色、深蓝色等。家具拐角尽量做成圆弧形，或使用软质材料进行包边，避免对幼儿造成伤害。

（三）材料的丰富适宜

教师应为幼儿提供以低结构材料为主的可探索、改变和组合的多样化材料，帮助幼儿开展尽可能多的游戏探索。材料的摆放应便于幼儿自主取放和使用。教师可使用易于幼儿理解的名字为游戏区命名，如用“积木区”命名建构区，用“彩虹医院”命名以医院为主题的角色游戏区。教师应在存放材料的容器上贴标签，小班可用图片、照片作为标签，中、大班则可逐步采用比较抽象的文字符号作为标签。

（四）融入本土文化

在布置活动室时，教师还要考虑当地的民族、民间文化资源，投放一些具有地方特色的游戏材料、装饰材料。

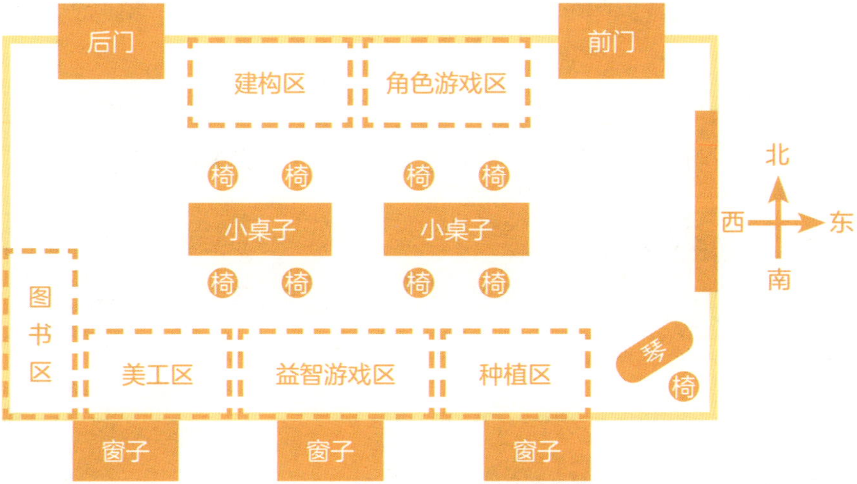

图 4-21　区域平面图[1]

十八　活动室太小，该如何规划？

（一）灵活使用区域

充分拓展游戏区功能。例如，教师可将建构区作为集体教

① 此图仅供参考，具体区域规划依据班级实际情况设置。

育活动场所，在睡眠室设置易于收纳的活动区。教师也可充分利用走廊、楼梯间等位置创设区域，将幼儿分流。

（二）合理设置空间

不开展区域游戏时，教师可将区角柜靠墙摆放。开展区域活动时，拉开桌子及区角柜作为隔断，或用不同的铺垫物（纸板、草席、草垫等）作为区域的界限，也可用屏风（可用纸板、布帘等自制）、储物箱、纸盒（玩具箱）等可以移动的轻便物品来分隔区域，也可不作区域划分，采用“材料超市”的方式，允许幼儿自主选择各类游戏材料开展游戏。通过这些方式，教师能够自主、灵活地创设游戏区域，相邻区域可共用分隔物，实现材料的通用，加强区域间的联系，满足幼儿的游戏需求。

（三）巧用三维空间

墙面、天花板、柜子侧（反）面都可用来展示作品、张贴规则或操作材料。暂时不用的材料可收纳在盒子里，做好标记后放在一起。

（四）使用大小适宜的家具

在购置桌椅、玩具柜时，幼儿园应考虑采购符合幼儿身高、便于移动或可便携收纳的家具，也可请木工根据活动室环境定制适宜大小及形状的家具。

十九 如何布置户外活动环境？

户外活动场地主要包括：大型组合运动器械区，如梯子、滑梯、秋千、攀爬架、平衡木、斜坡、荡桥等；骑行车道、跑道；沙水区；种植养殖区；角色游戏区和表演区；户外涂鸦区；供幼儿独处或与朋友共处的“游戏小屋”；等等。

在布置户外环境时，教师和幼儿园应把握如下几个方面。

（一）安全性

使用无毒、耐用、经济、牢固的材料；避免使用容易割伤、划伤、夹伤幼儿的设备和材料；提供海绵垫，为幼儿游戏活动提供安全保障。

（二）自然性

因地制宜，结合幼儿园地形地貌，设置游戏区域。例如：可利用小山包设置坡道，供幼儿骑行或开展滚球、滚轮胎等游戏；在大树上设置秋千、吊床、荡绳；在小山坡旁设置沟壑；等等。

（三）多样性

户外活动场地不仅是幼儿开展体育锻炼、进行大肌肉运动的场所，还可以开展各项学习探索。因此，幼儿园可为幼儿提供多样化的地面，供幼儿开展不同类型的游戏。如：橡胶等平整软地面适合搭梯子、长板、滚筒、滚球等活动；水泥、水磨石等平整硬地面适合进行户外建构、涂鸦等游戏；草地、坡地等适合开展滚球、表演、角色游戏。同时，美工游戏、角色游戏、表演游戏等传统上被认为是“室内活动”的游戏，同样可以在户外开展。教师应为幼儿提供多功能的材料。幼儿可根据自己的想法进行操作、组合和改造，如将长条木板、轮胎联合起来搭建坡道，供骑行使用。

（四）创设具有留白的弹性空间

场地富余的幼儿园，可为幼儿留有一片宽敞的绿地或硬地面，保证弹性空间，供幼儿根据需要开展游戏。

二十 如何因地制宜利用自然资源创设室内外环境？

乡村幼儿园具有得天独厚的自然资源和民俗文化资源，教师在创设环境时，应加以利用和开发。

（一）挖掘本土文化资源

教师可发动幼儿、同事、家长一起采用头脑风暴的形式，筛选出可利用的当地民俗文化、民族文化和本土文化资源。

（二）投放本土游戏材料

教师可利用本土资源、乡土材料中低结构的材料和半成品材料充实区域游戏材料。如：将树根、树桩、竹子、种子、泥土、剪纸、麻绳、松果等投放至美工区；将植物的茎、叶、花、果投放至自然角；将树干制作成大型积木和七巧板等投放至建构区、在益智游戏区，也可制成简单的小桌凳投放至活动室；投放废旧工具（如废旧铁桶、废旧水缸等）供幼儿进行立体涂鸦；等等。

（三）创设本土文化相关区域

教师可根据本土文化创设专门的探究区域。比如：盛产瓷器的地方，可以“青花瓷”作为美工区主题，鼓励幼儿用不同方式创编瓷器图案、制作陶瓷等；盛产竹子的地区，可利用竹子作为游戏场的主要材料；将当地特色小吃引入角色游戏区。

图 4-22　与本土文化相关的区域（一）

图 4-23　与本土文化相关的区域（二）

二十一　如何布置主题墙？

（一）主题墙的呈现方式

主题墙是教师根据现阶段幼儿学习内容创设的墙面环境，一方面为幼儿提供展示作品的机会，另一方面供幼儿回顾学习过程和经验。主题墙创设不应一味追求美观，应以凸显儿童学习和探究过程为主要目标，突出其教育意义。

主题墙一般包括以下内容：版面设计（边框、板块）、主题名称（总主题名称、子主题名称）、幼儿学习和探究过程。主题墙呈现方式应多样化，如幼儿作品、照片、实物、调查表、意见和观点等。

主题墙要区别于其他功能墙面，尤其不能与作品展示墙和装饰性环境创设混为一谈。在制作主题墙时，要留出空白，随着活动的推进逐步填充。如果在主题活动中幼儿有了新的发现，主题墙也应该随着新的发现而延伸，而不是一蹴而就的。主题墙要体现幼儿的自主探索和互动，幼儿可以自主讲述墙面内容和探究过程。

如果条件允许，教师可将主题内容呈现在轻型活动板上。主题活动结束后，将展板取下，放置到走廊或楼梯墙面或装订成册，供幼儿阅览。

（二）主题墙的高度

主题墙的设置要充分考虑幼儿视线。教师在布置时，可蹲下来模拟儿童视角，选择幼儿方便阅览的高度。幼儿视线以上的墙面布置主要呈现的是主题的背景、框架，以观赏类为主，较为固定。幼儿视线以下的墙面布置要针对主题进行，可以引发幼儿的思考、探讨、互动。主题墙一般以记录类、操作类、绘画类、制作类为主，中、大班可让幼儿参与布置，体现幼儿与墙面的互动。

图 4-24　主题墙（一）

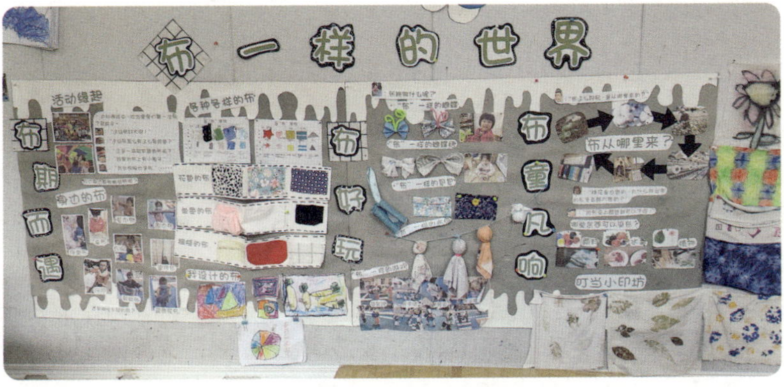

图 4-25　主题墙（二）

二十二 如何布置各活动区墙面？

角色游戏区可根据角色区主题内容创设相应墙面，如：“娃娃家”的墙面可张贴幼儿与家人的照片，“开心超市”的墙面张贴宣传海报、商品价目表。

建构区墙面则可张贴建筑物照片、搭建方法提示、游戏规则、幼儿建构作品绘画等。

图书区墙面则可张贴新书推荐、图书内容分享、图书修补方法、幼儿阅读故事之后的绘画和记录等。

美工区墙面则可展示幼儿多种形式的美工作品。

种植养殖区的墙面则应记录幼儿对动植物认识、探究的过程，如记录幼儿假设、验证及探索过程等。

益智游戏区墙面可设置与幼儿互动的益智游戏材料，或介绍幼儿感兴趣的益智材料，如扑克牌里有什么、扑克牌怎么玩等。

二十三 家园互动栏包含哪些内容？

“家园互动栏”通常包括以下几方面内容。

保教活动内容。包括本周活动安排、保教工作重点等。

保健宣传。包括生理保健、疾病预防和心理保健的知识。

育儿指南。家长关心、关注的热点、难点育儿问题的科学解答。

热点互动。每周（月）可以选择一项班级大事或家长共同感兴趣的活动，作为热点互动的内容。

精彩瞬间（精彩回顾）。教师可以选取幼儿在园活动重点内容，以照片、幼儿绘画等方式展示活动的过程和成果。

通知栏。发布通知或发布需要家长配合的相关事宜。

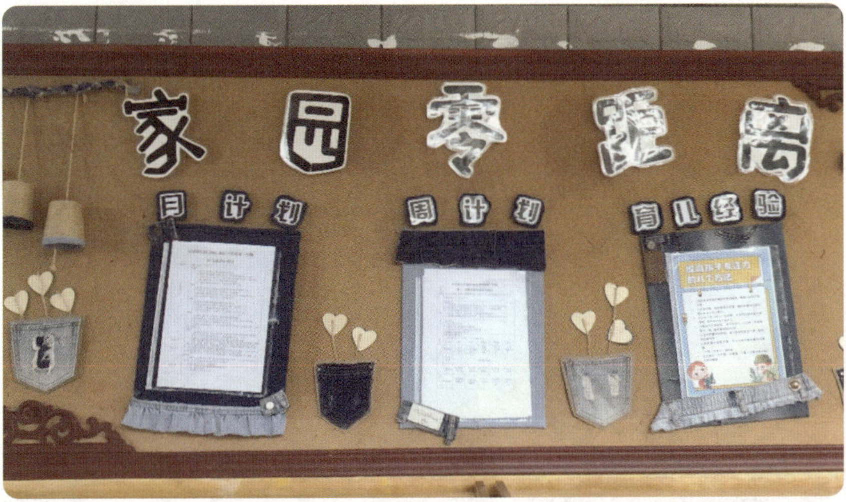

图 4-26　幼儿园通知栏（一）

图 4-27　幼儿园通知栏（二）

"美丽乡村"学前教育丛书

第五部分

游戏活动

二十四 幼儿游戏有何价值？游戏活动包括哪些？

幼儿园游戏活动是幼儿自主自愿的、以过程为导向的、可自主选择的、愉快的、遐想的活动，是幼儿认识世界、探究事物、学习发展的主要方式和途径。游戏能促进幼儿各方面发展，如：促进幼儿认知发展，积累丰富的经验；促进幼儿身体发育、动作技能发展；促进幼儿语言能力、专注力、创造力、想象力、问题解决能力等各项能力发展；促进幼儿社会性的发展，如提升社会交往能力、建立积极同伴关系、掌握亲社会行为及遵守行为规范等；促进幼儿情感发展，帮助幼儿建立积极情绪情感；帮助幼儿形成良好的个性；等等。

从认知发展的角度分类，游戏活动包括：

感觉运动游戏。包括幼儿反复抛扔球、喜欢在沙发上翻爬等游戏。随着年龄的增长，这类游戏会逐步减少。

象征游戏。象征游戏是学前儿童的典型的游戏形式，2 岁以后开始大量出现，3 岁以前幼儿的象征游戏中往往没有角色，只有动作的象征（如假装吃空碗里的“食物”）。4 岁以后进入成熟阶段，幼儿间合作进行的象征游戏是象征游戏的成熟形式。常见的行为有以物代物（如用积木模仿电话）、以动作代替动作（如张开双臂模仿开飞机）、角色扮演（如扮演妈妈、白雪公主）。

建构游戏。包括拼图游戏、搭积木、插泥塑、泥工、手工游戏、堆雪人、木工活动等游戏。

规则游戏。包括棋类游戏、规则游戏等游戏。

从社会性的角度，游戏可分为：

单独游戏。自己玩自己的，很少有与他人的互动的游戏。3

岁以下的幼儿主要为单独游戏。

平行游戏。幼儿还是自己玩自己的，但是开始关注他人的游戏，相互之间会有模仿、交流或借玩具等行为。

联合游戏。幼儿看似在一起玩，会有语言交流的游戏。但伙伴关系较为松散，本质上还是在各玩各的，只是偶尔有一些游戏情节上的交流。

合作游戏。幼儿进行角色分工，共同商议游戏内容、游戏情节、物品使用等，遇到问题时，共同商议解决。

二十五 幼儿园如何组织实施各类游戏？

（一）角色游戏

1. 游戏前

（1）丰富幼儿的生活经验。教师可以通过观察、参观、讲解等方式，帮助幼儿在生活中对扮演的角色有一定的了解。

（2）与幼儿一起创设游戏环境。教师可以在活动室内、走廊、楼梯间等位置创设角色区，也可以提供角色游戏材料，供幼儿在任何场所开展角色游戏。除少数游戏材料需要形象、逼真外，绝大多数材料可以用简单物品代替，以引发幼儿更多想象。

2. 游戏中

（1）保证幼儿充足的游戏时间。一般安排在自主活动环节，至少保证 45 分钟到 60 分钟的游戏时间。

（2）确定游戏主题。教师应鼓励幼儿根据自己的兴趣和需要确定游戏主题，小班可利用玩具启发幼儿确定主题，中班和大班则应鼓励幼儿自主确定游戏主题。

（3）选择游戏角色。教师应支持幼儿独立选择、自行分配游戏角色，如幼儿因游戏角色分配产生矛盾，则可引导幼儿使用猜拳、轮换、推选、共同商议等方式确定角色。

（4）适时适度进行指导，引导幼儿制订和遵守游戏规则。 教师根据需要组织幼儿开展讨论、发现问题、制订规则、丰富扩展游戏情节和内容。当游戏内容贫乏时，教师可提供一些新材料；当因知识经验不足游戏停顿时，教师可组织幼儿进行讨论、调查、观察等。切忌将教师的意图强加给幼儿。

3. 游戏后

组织游戏后的分享与讨论。游戏结束后，教师组织幼儿回顾游戏过程与内容，可围绕游戏中的关键问题，开展相关讨论与交流。

4. 不同年龄幼儿角色游戏指导

3~4 岁的幼儿游戏主题较为单一，角色意识较差，喜欢独自反复摆弄玩具，角色游戏以日常生活中熟悉的题材为主题，如娃娃家、汽车、厨房等。教师应该为幼儿提供种类多、数量少、形状相似的玩具材料。教师可以用参与游戏的方式进行指导，与幼儿一起玩游戏，供幼儿进行模仿学习。

4~5 岁的幼儿角色意识有所加强，但游戏主题不稳定。他们往往希望能与同伴进行合作，但又不具备合作交往技巧，容易与同伴发生冲突。教师应将指导重点放在帮助幼儿通过商议等方式自主解决问题上，帮助幼儿掌握人际交往技能，同时可通过游戏回顾环节，帮助幼儿丰富游戏经验。

5~6 岁的幼儿处于合作游戏阶段，能按照自己的想法选择并开展游戏。教师可以成为参与者、提问者、支持者，鼓励幼儿相互交往、合作、分享，自行解决矛盾。同时，教师要善于利用游戏后的分享环节，引导幼儿充分讨论问题、发表意见、寻找解决办法、分享经验。

（二）表演游戏

幼儿是表演游戏的主体，幼儿园开展表演游戏时，教师需把握好游戏性应先于表演性的原则，不要一味强调演得像不像。

1. 游戏前

（1）确定表演主题。日常生活中，教师应留意观察幼儿的学习兴趣和需要，通过与幼儿讨论等方式，支持幼儿自主确定表演主题。

（2）准备表演道具。教师与幼儿讨论需要什么道具，并一起制作、收集。

2. 游戏中

（1）加强观察。教师注意观察幼儿的表情、言行，判断幼儿的状态是否积极。如果幼儿表现出无所事事或心不在焉时，教师需要判断游戏空间、材料是否合适，同时还要观察是否需要提供帮助。

（2）组织讨论。游戏中遇到困难和问题时，教师可组织幼儿进行讨论，共同商议解决办法。

（3）做好记录。教师可以通过照片、录像、录音、文字说明、实物展示等方式，记录下幼儿的各种作品、使用的相关材料及活动过程中的言行。

3. 游戏后

教师可以组织幼儿回顾游戏过程，并通过引导性的提问，帮助幼儿反思。比如，教师可以询问幼儿："你觉得这次表演怎么样，好不好？如果好，好在哪里？如果不好，不好在哪里？下次表演你觉得应该怎么办？"

4. 不同年龄幼儿表演游戏指导

3~4 岁的幼儿往往角色意识不强，表演动作单一，教师可引导幼儿选择表演角色。表演过程中，教师应经常提醒幼儿自己所表演的角色。这个年龄段的幼儿重在体验表演游戏的乐趣，教师不应急于追求游戏水平的提升，应多鼓励、讲解，或者参与幼儿游戏，给予适当的示范。

4~5 岁的幼儿可自行分配角色，但角色更换意识不强，游戏目的性差，需要教师给予一定提示才能坚持游戏主题。教师不宜过多干预幼儿游戏，不要急于示范，要耐心等待幼儿协商、讨论，提醒幼儿坚持游戏主题。这一阶段，教师应鼓励幼儿大胆、生动地进行表演。

5~6 岁的幼儿能独立完成角色分配，游戏的目的性、计划性较强，能自觉表现故事内容，并能灵活运用多种表现手段进行表演，但表演水平有待提高。教师应为幼儿提供种类较多的游戏材料，供幼儿进行多样化探索，鼓励幼儿一起参与游戏环境创设。在游戏过程中，教师要及时给幼儿反馈，提高幼儿表现故事、塑造角色的能力，提醒幼儿注意运用语气、语调、夸张的动作和生动的表情来塑造角色，并引导幼儿进行有意识的合作表演。

（三）建构游戏

1. 游戏前

（1）创设游戏环境。室内、室外的建构区均需要较宽敞的面积，幼儿应选择平整的硬地面或桌面进行建构游戏。建构区应避免靠近大门、盥洗室等人流量较大的区域，以免造成干扰。建构材料（如积木）应分类摆放在玩具柜或玩具筐里，大型空心积木或炭烧积木可直接靠墙摆放。

（2）**激发幼儿参与建构的兴趣。**教师应允许幼儿按照自己的想法选择区域。对于不常去建构区的幼儿，教师可采取与幼儿一起游戏、为幼儿建构提建议、向幼儿介绍建构区作品等方式，吸引幼儿进入建构区游戏。

2. 游戏中

（1）**建立必要的活动规则。**教师可以通过发现问题、共同讨论、商量解决办法的方式，引导幼儿执行并遵守游戏规则。

例如，建构区规则一般包括：按需拿积木、在距离积木柜一定距离的位置搭建积木、任何时候不要乱扔积木、不能用积木打人、不要在积木上行走、经过允许才能拿他人的积木、行走时注意不要碰到他人的积木作品、游戏结束后要把积木放回原地等。

（2）**引导和鼓励幼儿进行创作。**教师可通过提问、建议、参与游戏等方式，启发幼儿建构思路。

（3）**引导幼儿计划和讨论。**如果幼儿要开展一定主题的建构活动，教师应组织幼儿就建构主题进行讨论，围绕建构什么、在哪里建构、采取何种方式、使用哪些材料、如何分工等问题进行讨论。

3. 游戏后

（1）**收拾玩具。**游戏结束时，教师应引导幼儿自主收拾玩具并分类摆放。

（2）**保存作品。**对于幼儿未建构完成的作品，教师可根据幼儿的意愿对作品进行保留。对完成建构的作品，教师可通过照片、图画等方式将作品记录下来。

（3）**活动分享。**活动结束后，教师可以鼓励幼儿介绍建构作品，回顾活动过程，引导幼儿进行思考。比如：建构物是否形象？主要特点是否突出？材料运用是否合适、多样？摆放位置是否合理？建构的物体有什么特别的地方？建构时遇到困难，如何解决？建构时，小组成员如何分工合作？建构后，是否分类收拾好物品？

4. 不同年龄幼儿建构游戏指导

3~4 岁的幼儿建构目的性往往比较弱，幼儿的兴趣点集中在建构的过程，而非作品本身。这一阶段，教师应引导幼儿认识建构材料，有意识地搭建一些作品供幼儿模仿，学习初步的搭建技巧。教师可以有意识地引导幼儿说出建构物体名称，增强幼儿建构目的性。

4~5 岁的幼儿开始关注建构的成果，目的性增强，建构主题鲜明。这一阶段，教师应引导幼儿设计建构方案，有目的地进行选材，组织小型讨论共同制订方案、进行分工、解决问题。

5~6 岁的幼儿计划性、目的性较强，能较长时间围绕一个主题进行建构，能事先对建构的物体进行设想、规划。教师应引导幼儿准确地表现构思和内容，会使用多种材料进行建构，鼓励幼儿共同制订建构方案、进行分工，建构大型作品。鼓励幼儿对自己和他人的作品作出评价。

（四）规则游戏

1. 游戏前

（1）选择适宜的游戏内容。教师应选择贴近幼儿生活、趣味性强、绝大多数幼儿有机会参与、适合幼儿年龄特点的游戏。混龄班可按年龄分组确定不同游戏内容，或选择适宜于大带小开展的游戏主题。

（2）幼儿提前熟悉玩法和规则。

（3）教师提前准备好游戏场地和材料。

2. 游戏中

（1）掌握规则。教师通过讲解、示范、参与游戏等方式，帮助幼儿掌握游戏规则。

（2）科学分组。如果游戏时需要进行分组，教师应随机分组。混龄班的分组应尽量大带小。

（3）让幼儿获得游戏的成功感。游戏难度不宜过高，游戏过程中不要让幼儿停下游戏“改正”不正确的动作，适当增加游戏中“碰运气”的因素。游戏过程中，教师应尽可能让每个幼儿都有成功的体验。

（4）保持规则的灵活性。教师应允许幼儿自行通过商议的方式，改变规则或制订新的规则。

3. 游戏后

（1）对游戏进行回顾反思。教师需要回顾游戏过程中幼儿需要掌握的关键技能技巧。

（2）降低游戏的竞争性。教师对游戏活动的评价应放在游戏过程而非结果，不要对游戏获胜方提供奖品或奖励。

4. 不同年龄幼儿规则游戏指导

3～4 岁的幼儿对游戏中的动作、材料及自己所做的事感兴趣，规则意识淡薄，不在乎游戏结果。教师应为幼儿选择简单的规则游戏，玩法和规则讲解要生动、简单、形象，必要时应进行示范。在游戏过程中，教师要注重培养幼儿的游戏兴趣，使幼儿获得游戏体验。

4～5 岁的幼儿一般都有规则意识，能够遵守规则，开始关注游戏结果。教师应在游戏过程中，注重对幼儿规则遵守情况、玩法掌握情况的观察，可开展规则简单的竞赛性游戏。

5~6 岁的幼儿规则意识较强，且特别注重结果，喜欢竞赛性的规则游戏，同时还喜欢改变游戏情节、游戏规则，以增强游戏趣味性。这一阶段，教师可组织开展较为复杂的竞赛性游戏，引导幼儿正确认识输赢。

二十六　不同年龄段幼儿可以开展哪些体育活动？①

以下内容仅供教师组织体育活动时参考，切勿作为幼儿发展目标进行训练。

表 5-1　各年龄段幼儿走步活动参考建议

项目	小班	中班	大班
走步	听信号向指定方向走； 在指定范围内四散走； 一个跟着一个走； 模仿各种动物走； 短途行走 1 公里左右	听信号有节奏地走； 用脚尖走、蹲着走、高举手臂走； 倒退步走、上下坡走； 在物与物之间或平衡板上走； 连续行走 1.5 公里左右（途中可适当停歇）	听信号变速或变换方向走； 一对一对整齐地走； 能自如地绕过障碍物，进行曲线走； 连续行走 1.5 公里以上（途中可适当停歇）

① 本部分内容参考了《云南省幼儿园保教工作指导手册》（云南教育出版社 2016 年版）。

表 5-2　各年龄段幼儿跑步活动参考建议

项目	小班	中班	大班
变换方向跑	一个跟着一个跑	一路纵队跑	绕过障碍物曲线跑
听信号跑	听信号向指定方向跑或沿着规定路线跑	跑动中听信号做规定动作	听信号变速跑或改变方向跑； 跑动中听信号做规定动作
快速跑	距离为 15 米左右	距离为 20 米左右	距离为 25 米左右
慢跑或走跑交替	距离为 100 米	距离为 100～200 米	距离为 200～300 米
四散跑	在指定范围内四散跑	四散追逐跑、躲闪跑	
绕障碍物跑、窄道跑、接力跑	往返跑	绕障碍物跑、接力跑	在较窄的小道上跑，接力跑、往返跑

表 5-3　各年龄段幼儿跳跃活动参考建议

项目	小班	中班	大班
原地双脚向上跳（纵跳）	原地双脚向上跳	原地纵跳触物（物体距幼儿高举手指尖 15～20 厘米）	原地纵跳触物（物体距幼儿高举手指尖 20～25 厘米）
立定跳远		不少于 30 厘米	不少于 40 厘米
双脚向前行进跳（兔跳）	能身体平衡地双脚连续向前跳	较长距离双脚向前行进跳	双脚向前行进跳
单脚跳		双脚交替在直线两侧行进跳	单脚在直线两侧行进跳
从高处向下跳	离地 15～20 厘米	离地 25～30 厘米	离地 30～35 厘米
单脚连跳	能单脚连续向前跳 2 米左右	能单脚连续向前跳 5 米左右	单脚连续向前跳 8 米左右 单脚折线连跳
水平障碍物跨跳	双脚跨跳过不少于 25 厘米的平行线	助跑跳过不少于 40 厘米的平行线	助跑跳过不少于 50 厘米的平行线
垂直障碍物跨跳		助跑跨跳过 25～30 厘米高度	助跑跨跳过 30～40 厘米高度
跳绳、跳皮筋、跳蹦床			跳绳、跳皮筋、跳蹦床
跳小箱或小木马			跳小箱或小木马

表 5-4　各年龄段幼儿投掷活动参考建议

项目		小班	中班	大班
肩投	投远	能单手将沙包向前投掷 2 米左右	练习肩上挥臂投物（距离 4 米左右，标靶直径 60 厘米左右）	肩上挥臂投远
	投准			肩上挥臂投准（距离 5 米左右，标靶直径 60 厘米左右）

表 5-5　各年龄段幼儿球类活动参考建议

项目		小班	中班	大班
滚接球		互相滚接球	互相滚接球	滚球击中静止物
抛接球		能双手向上抛球	能连续自抛自接低球、高球（头以下为低球，头以上为高球），两人近距离用双手相互抛接大球	两人相距 2~4 米抛接球
拍球	原地	学拍皮球	原地左、右单手拍球	能连续拍球，原地变换形式拍球（如转一圈再拍）
	行进间			边走边拍球，边跑边拍球

表 5-6　各年龄段幼儿平衡活动参考建议

项目	小班	中班	大班
窄道移动	能沿地面直线或在较窄的低矮物体上走一段距离	能在较窄的低矮物体上平稳地走一段距离，在 15~20 厘米宽的斜坡上走上、走下	能在斜坡、荡桥和有一定间隔的物体上较平稳地行走
			在 15~20 厘米宽的间隔物体，如砖、木板、硬纸等上面行走
	能走过宽 15~20 厘米、长 2 米左右的独木桥		在离地面高 30~40 厘米、宽 15~20 厘米的平衡木上变换手臂动作，如叉腰、侧平举、上举向前走
旋转			两臂侧平举、闭目、起踵转（5 圈左右）

续表

项目	小班	中班	大班
闭目行走		闭目直线行走 2~3 米	两臂侧平举，单脚站立 5~10 秒
其它	能双脚灵活交替上下楼梯		高跷、对推等

表 5-7　各年龄段幼儿钻、爬和攀登活动参考建议

项目	小班	中班	大班
钻	能正面钻过高 50~60 厘米的拱形门	能侧身钻过高 50~60 厘米的拱形门，钻过长长的小山洞	能侧身或运用其他钻的动作连续钻过高 50~60 厘米的多道拱形门
爬行	能以手、膝着地的方式向前或倒退爬	能以匍匐、膝盖悬空等多种方式钻、爬	能以匍匐、膝盖悬空等多种方式做钻、爬、移位等动作
攀登	能攀登较低的设备，如肋木等	在各种类型的攀登设备上自由攀登，如轮胎山等	能以手脚并用的方式，安全地爬攀登架、网等

二十七 应该干预幼儿游戏吗？

（一）是否要干预游戏？

仔细观察。教师通过观察，了解幼儿对当前活动的兴趣、已有的经验、出现的问题等。

判断幼儿行为的意义。教师根据观察结果，判断干预游戏的得失（如果干预可能会带来什么和失去什么）。

以下问题可以帮助教师决策是否干预：幼儿在干什么？有必要干预吗？我的干预会影响或打断幼儿的游戏吗，会不会压制他们的独立探索的欲望，能不能丰富幼儿的游戏、学习经验？如果我不干预，又会怎样？干预和不干预是“利大于弊”

还是“弊大于利”？

做出是否干预的决策。如果教师决定干预，应尽可能降低干预的影响，减少不必要干预。

如果教师的决定是干预幼儿游戏，以下问题可以帮助教师进行干预时机与方式、内容的决策：幼儿需要怎样的帮助才能克服当前的困难？幼儿更容易接受哪种帮助？我怎样干预才不会影响幼儿的兴趣？我采用的干预方法会引起幼儿哪些可能的反应？我提供帮助之后，幼儿还有没有独立思考的空间？我撤出干预后，幼儿能不能继续独立地完成操作任务？这是最合适的干预时机吗，等一等会如何？

（二）可以采用的干预方式

1. 通过操作材料干预。教师可以有意识、有目的性地投放有针对性的游戏材料，幼儿通过操作、摆弄游戏材料，能积累经验、解决问题、获得发展。

2. 通过同伴干预。幼儿在游戏中会产生同伴之间的相互学习和模仿，也会以强带弱，特别是混龄班中，这一现象尤为突出。教师可利用幼儿游戏中的相互学习，达到干预的目的。同时，教师可设置共同任务，引导幼儿分工与协作，妥善解决冲突与矛盾。

3. 通过参与活动进行干预。当幼儿对活动材料不感兴趣、不会玩或玩法单一时，教师可加入幼儿游戏中，通过操作与幼儿相同或不同的材料，引发幼儿模仿学习。当幼儿因游戏情节需要邀请教师参与游戏时，教师可通过与幼儿的互动，指导幼儿游戏。当幼儿在游戏中出现攻击性行为或明显违反规则的行为时，教师可直接介入游戏，对幼儿的行为进行干预。

二十八 如何支持幼儿自主游戏？

（一）保证充足游戏时间，提供必要游戏空间

室内游戏应确保每个幼儿都有一定的游戏空间，户外游戏应保证有足够的场地支持幼儿自主活动。保证幼儿每天户外活动时间不少于 2 小时（其中体育活动至少 1 小时）。

（二）提供丰富的游戏材料，确保安全、卫生

在投放游戏材料时，教师应考虑教育目标，将希望达成的教育目标“物化”到操作材料中，即通过有目的地投放材料，帮助幼儿在操作材料的过程中产生学习和探究，从而达成既定的教育目的。教师可根据游戏材料的性质确定具体数量。例如有些游戏材料支持多人游戏，有些只支持单人，教师需要在活动前计算清楚，保证每名幼儿都能参与游戏。建议教师多使用玩法多样的游戏材料（低结构游戏材料），鼓励幼儿自己发现更多的玩法。

（三）鼓励幼儿自主游戏

教师应该鼓励支持幼儿根据自己的兴趣点选择游戏材料，支持幼儿自主确定玩法、内容、规则、场地、同伴等，幼儿也可以选择不玩游戏。教师切忌包办代替，将游戏的自主权交还给幼儿，相信幼儿自己能解决游戏中的问题。

（四）做好观察记录

教师需要对处于不同游戏区的每个幼儿予以关注，有目的地观察幼儿游戏的情况、对材料的兴趣和使用方式、产生的疑

惑、游戏区的利用状况。教师需要利用纸笔、相机、手机等做必要的记录，并据此对游戏材料的投放和游戏区的划分进行调整。

（五）必要时介入

具体介入时机、介入方式见上一个问答：应该干预幼儿游戏吗？

（六）开展游戏分享

教师可以采用集体或个别的方式分享、交流游戏的过程和体验，讨论游戏中的问题，拓展或深化幼儿在游戏中获得的经验，鼓励有创意的玩法。

二十九 如何鼓励幼儿进行游戏分享？

游戏过程中，教师应有意识地观察幼儿的游戏过程，并用纸笔、手机、摄像机等设备记录下幼儿游戏的过程，同时思考可以在分享环节与幼儿讨论哪些问题。

游戏结束后，进行分享的教师应与另一名教师合作，在另一名教师组织幼儿如厕、盥洗、吃点心等环节时，有意识地观看幼儿游戏过程的音视频、游戏作品，分析幼儿游戏中产生的五大领域的经验，以及幼儿游戏中所表现出来的好奇心与学习兴趣、主动性、想象与创造、专注性、坚持性、计划性等学习品质，有意识引导幼儿回顾、反思。

（一）游戏分享的内容

幼儿可以围绕游戏中做了什么、怎么做的、怎么想的、出现了什么意外、产生了什么问题、如何解决、游戏过程和游戏计划有什么不同、下一步打算怎么做等内容进行分享，还可以分享在游戏中的情感体验、身体动作体验、人际交往情况等。

（二）游戏提问的方式

回顾性问题。教师通过提问引导幼儿回顾游戏过程，了解幼儿的真实想法、感受等。

体验性问题。教师询问幼儿游戏中的情感态度体验、社交体验等。

创新性问题。教师询问幼儿在游戏中发现的新问题、新玩法、新材料、新经验等。

发展性问题。教师询问幼儿对下一步游戏的打算等。

三十 如何帮助幼儿制订并遵守区域规则？

区域游戏活动的基本规则包括：选区、进区的规则，取放材料的规则，操作材料和开展游戏的规则，游戏中人际交往的规则，结束游戏后收拾整理的规则。

（一）讨论协商，共同制订

教师应该与幼儿共同讨论协商、制订和调整规则。例如，与幼儿讨论区域活动中能做什么、如何做才能保证游戏顺畅、如何确保不被打扰、游戏中需要注意什么等。幼儿认同和接纳规则后，才会更好地遵守规则。

（二）巧用环境暗示

教师可以充分地利用环境暗示的方法，帮助幼儿自觉遵守规则。在活动中，教师可利用区域环境的布局、材料的投放、图示图标的设计等，发挥环境的教育作用，减少不必要的语言指导。如：在美工区收纳彩笔的笔筒或盒子的颜色与彩笔颜色一致，可提示幼儿将彩笔分颜色放置；在材料投放时，可在收纳位置贴上相应的标识或图案，暗示幼儿物归其位。

（三）利用游戏巩固

教师可利用游戏的方式吸引幼儿的兴趣，帮助幼儿巩固规则。如在整理玩具时，教师可组织幼儿开展“送玩具回家”的游戏。

（四）模仿练习

幼儿以形象思维为主，因此在常规培养时，教师要避免单一说教，采取亲身示范等方式帮助幼儿掌握规则。例如，通过亲身示范等方式，帮助幼儿模仿学习和运用规则。

（五）注重激励

教师可采用表扬、奖励等方式，如评选小明星、发放小奖品等，对幼儿遵守规则的行为给予奖励。

（六）注重个体差异

教师还应注意观察活动中个别幼儿的行为表现。针对规则意识较差的幼儿，教师可与其一起游戏，或进行个别化指导，逐步帮助幼儿自觉遵守区域规则。

图 5-1 “一村一园：山村幼儿园计划”项目照片（二）

“美丽乡村”学前教育丛书

第六部分

集体教育活动

三十一　什么是集体教育活动？幼儿园集体教学的意义？

幼儿园集体教育活动是指全体或部分幼儿在同一时间共同参与的同一活动。广义而言，集体教育活动包括幼儿在园的游戏活动、教学活动、生活活动和运动等；狭义而言，集体教育活动主要指幼儿园的集体教学活动。

幼儿园集体教学活动是指教师有目的、有计划、有组织地对幼儿施加教育影响的活动。高质量的集体教学活动不仅能完成国家和社会对幼儿的教育要求，还能充分尊重幼儿在活动中的主体性，促进幼儿积极主动、富有个性的发展。

三十二　如何确定集体教育活动目标？

（一）确定集体教育活动目标的依据

1. 文件为纲

集体教育活动目标的制订要以国家相关文件精神为依据，主要文件有《幼儿园教育指导纲要（试行）》（以下简称《纲要》）、《3-6 岁儿童学习与发展指南》（以下简称《指南》），尤其是《指南》中五大领域目标为集体教育活动目标的制订提供了比较明确的参考。如：教师在制订大班数学集体教育活动“有趣的门牌号”目标时，可依据《指南》提出的“初步感知生活中数学的有用和有趣”这一要求，将“理解门牌号的含义及作用；幼儿通过观察，发现门牌编号的规律，能尝试编出合理的门牌号；在观察、操作中幼儿体验用数学方法解决生活问题的乐趣”等作为集体教育活动的目标。

2. 幼儿为本

《纲要》《指南》的目标必须进行班本化才能适合本班幼儿的现实水平和发展需要，因此，教师要认真观察、深入分析幼儿的现有经验和发展水平，以幼儿发展为导向，制订出符合本班幼儿发展需要的教育目标。如：因乡村幼儿可能缺乏超市购物的生活经验，若设计社会领域教学活动“逛超市”，则很有可能因为幼儿经验的不足而达不到期望的目标和效果。

3. 全面兼顾

集体教育活动目标要全面、具有层次性，可按照知识与技能、过程与方法、情感态度与价值观三个维度制订教育目标；三个维度的目标要有内在逻辑关系，后一级目标是在前一级目标达成的基础上实现的。

以大班语言活动“山坡哪儿去了”为例。教师可以将活动的目标确定为：（1）熟悉故事内容，了解生态遭到破坏后的严重后果（知识与技能）；（2）理解词语“浑浊”“漫天飞舞”（过程与方法）；（3）理解小熊的心理变化，萌发初步的环保意识（情感态度与价值观）。

活动目标的制订还要着重考虑幼儿终身发展和社会发展需要的必备品格和关键能力（可参考学生的核心素养）。

（二）集体教育活动目标表述的要求

1. 行为主体一致

集体教育活动的“行为主体”指参与教育活动的教师和幼儿，教师和幼儿都可以成为目标表述的“行为主体”，一般更加倡导以幼儿为目标表述的行为主体，切忌同一活动中目标表述的行为主体不一致。错误表述如下：幼儿能根据听到的声音辨别声音的方位，教师指导幼儿用相应的符号在图板上表示方位。

2. 行为动词清晰

行为动词是指集体教育活动过程中表述行为主体行为的动词。目标表述的行为动词应该明了、清晰，如复述、数出、画出等。

3. 目标达成程度明确

目标达成程度是指集体教育活动结束时，对幼儿达到期望目标的基本要求，常被作为评价集体教育活动有效性的重要依据。目标达成度的设定要以幼儿发展为导向，表述应尽量明确。如：在教师的提示下，80% 的幼儿能复述《小猫钓鱼》的故事，语言表达流畅。

三十三　如何确定集体教育活动内容？

集体教育活动内容的设置要根据集体教育活动的目标拟定。围绕希望达成的活动目标，设置对应的内容和环节，帮助幼儿通过直接感知、亲身体验和实际操作获得经验，从而达到既定的目标。

教师在选择课程内容时，可参考专家开发的、较为成熟的集体教育活动资源，也可根据本班幼儿兴趣和发展需要，生成活动内容。

（一）专家开发的集体教育活动资源

专家开发的集体教育活动资源是指长期从事学前教育研究的专家团队开发设计的教育活动资源。专家开发的活动内容具有目标考虑周全、结构系统完整、内容科学合理等特点，能更好地满足幼儿全面发展和未来学习的需要。

我国专家开发的教育活动资源十分丰富，幼儿园要根据自己的办园条件、师资队伍专业化程度和幼儿发展水平，选择适合于本园实际的专家开发教育内容。

教师在专业化发展水平还不是很高的入职初期，可将专家开发的教育资源作为安排幼儿园集体教育活动的重要参考。

我国幅员辽阔，各地风土人情、文化背景不一，儿童认知水平、发展需求也不同，专家统一开发的集体教育活动资源很难完全适宜各地、各园的实际情况，因此教师在选择时应进行取舍。

（二）教师生成的集体教育活动内容

教师生成的集体教育活动内容是指教师在深入观察、分析本班幼儿发展水平的基础上，根据幼儿的兴趣、爱好及幼儿在发展过程中表现出来的典型性、普遍性问题生成的、支持本班幼儿发展的教育内容。教师生成的活动内容更贴近幼儿的兴趣爱好、能更有针对性地解决幼儿存在的实际问题，是幼儿园教育活动内容的必要补充。如户外活动时，幼儿对草丛中的蜗牛产生了浓厚的兴趣，提出了“蜗牛黏在小草上为什么不会掉下来？蜗牛为什么能搬动它的房子而我们搬不动（我们的房子）？蜗牛是怎么生小宝宝的？”等问题。于是，教师根据幼儿的兴趣和疑惑，生成了以“蜗牛的秘密”为主题的系列教育活动。

三十四 如何组织集体教育活动?

教师组织好集体教育活动要做到以下三点：活动前充分准

备、活动中科学组织、活动后合理延伸。

（一）活动前充分准备

常言道：台上一分钟，台下十年功。虽然一次集体教育活动时长通常仅 10~30 分钟，但要想取得好的效果，教师必须做好充分的课前准备。课前准备具体包括：分析幼儿的相关经验和能力水平、精心选择活动内容、科学制订活动目标、合理设计教学过程的各个环节、准备合适够用的教具和学具等。教师要把以上准备烂熟于心。

（二）活动中科学组织

简洁有效的活动导入能激发幼儿的活动兴趣、唤醒幼儿的相关经验。活动过程紧扣目标，教师始终做到心中有目标；教育过程具有灵活性，教师能随机应变地根据幼儿表现调整教学内容和方法，始终做到眼中有孩子。

（三）活动后合理延伸

教师能将集体教育活动内容自然合理地延伸到区域活动、户外活动、生活活动和家庭教育等活动中，帮助幼儿将在集体教育活动中获得的知识经验游戏化、生活化、整合化。如：中班科学活动“神奇的面巾纸”结束后，教师把材质不同的面巾纸、质量不等的重物、绳、记录表等材料投放至科学区，支持幼儿在区域游戏时自主选择相关材料进行探索。

三十五 如何开展活动反思?

活动反思是指教师对教育行为及由此产生的结果进行回顾、审视、分析的过程。它是提高教师自我察觉水平、促进教师专业成长、改善教师教学行为、支持幼儿持续发展的重要途径。活动反思可从以下方面来开展。

(一)反思活动目标是否达成

教育活动是有目的的活动。一般而言,教育活动是以活动设计方案(又称教案)为蓝本实施的。因此,教师应该对活动目标是否达成进行反思。

案例:

教师把“理解故事中小兔与兔妈妈的对话,感受故事中表达的浓浓母爱”作为大班语言活动的目标之一。《逃家小兔》讲述了一只小兔子和妈妈用语言玩捉迷藏的故事,无论小兔子变成什么,兔妈妈都能想到对应的角色去追随小兔子。活动结束后,教师在反思中写道:

活动实施的过程中,我带领幼儿仔细观察图片,发现图片中的关键细节所传递的信息:胡萝卜鱼钩的深意、高山的艰险、钢丝的危难……并用精确的提问一步步引领幼儿揣摩字里行间的深意,找到作品的主题。

“兔妈妈为什么变成了园丁而不是采花人?”“兔妈妈为什么用胡萝卜来钓‘小鱼’?”“兔妈妈为什么历经千辛万苦也要找到小兔?”

当故事临近结尾,看着最后一页兔妈妈和小兔相拥着坐在摇椅里的温馨场面，我问："兔妈妈和小兔相互对望着，又在说着悄悄话呢。这时的小兔会对兔妈妈说什么呢？"

孩子们争先恐后地说："妈妈，我再也不逃走了！""妈妈你累吗？我帮你揉揉肩吧！""妈妈，我爱你！""妈妈，你身体好点了吗？"

听着孩子们这些质朴的话语，我知道这是发自他们内心深处的声音，多么美妙和动听的声音啊！我的眼眶又湿润了，可我内心是高兴的。是啊，因为孩子们终于感悟到了"母爱"，更学会了"感恩"，我也终于达成了预设的活动目标。

从以上案例可以看出，教师的反思具有明确的目标意识，并针对目标达成情况进行了反思。

（二）反思教育内容与方法是否适宜

反思教育内容：一是反思教育内容是否符合幼儿身心发展特征；二是反思教育内容是否贴近幼儿的已有经验；三是反思教育内容是否具有教育性和可持续性。

反思教育方法：主要反思教育方法是否能调动幼儿的积极性和主动性，是否有利于幼儿的学习与发展。

（三）反思教育材料与资源是否充分利用

反思教育材料：反思教育材料是否丰富、直观，是否能引起幼儿的学习兴趣、激发幼儿的思考、帮助幼儿通过亲身体验和实际操作获得经验。

反思教育资源：反思教育活动是否综合考虑、充分利用了幼儿园、家庭、社区等各方资源，若有考虑，这些资源的利用是否合理等。

（四）反思是否支持幼儿的个性化发展需要

幼儿发展存在个体差异，因此，教育活动反思不仅要考虑全体幼儿发展的需要，也要考虑对幼儿个性化发展的支持。

三十六 集体教育活动教案应包含哪些内容？

幼儿园集体教育活动教案一般包括：活动主题、活动对象及领域、活动来源、活动目标、活动重点、活动难点、活动准备、活动过程等内容。

集体教育活动案例“有趣的门牌号”[①]

活动主题：有趣的门牌号

活动对象及领域：大班科学

活动来源：

《纲要》提出：“数学教育必须要让幼儿能从生活和游戏中感受事物的数量关系并体验到数学的重要和有趣”。所以数学活动内容要具有生活性，要与幼儿的生活实际紧密相连，内容应当是幼儿所熟悉的。

最近在和幼儿的聊天当中，我发现小朋友们对门牌号特别感兴趣，但是对空间位置认识还很模糊。为了让幼儿能够了解和运用空间对应关系，我选择了“有趣的门牌号”。这个活动能让孩子在游戏中感知空间位置对应，以帮助小动物找家的方式

① 案例作者是贵州省铜仁市松桃苗族自治县实验幼儿园教师陈增蓉。

将数学活动生活化、情景化，进一步地发展幼儿的空间位置对应能力。

活动目标：

（1）了解门牌号的含义及作用。

（2）通过观察，发现门牌编号的规律，能尝试编出合理的门牌号。

（3）在观察和操作中，体验用数学方法解决生活问题的乐趣。

活动重点：发现门牌编号的规律。

活动难点：尝试编出合理的门牌号。

活动准备：

三种颜色的数字贴、三种颜色的汽车贴纸、记录纸 6 份、黑色大头笔 4 支、白板、相关材料（如 PPT）。

活动过程：

1. 导入新课

教师：春天来了，小动物想邀请大家去森林公寓玩，小朋友们首先要根据车票的颜色找到自己乘坐的公交车。

教师：每张车票上还有座位号，请按照从小到大的顺序，找到自己的座位。

教师：小朋友们都坐好了，咱们出发吧！

2. 学习新课

（1）展示：森林公寓，楼层及房间数量。

教师：森林公寓到了，请观察一下这座公寓有几层楼？

教师：每一层又有几间房呢？

教师：小猴子想考考你们，你们知道它是住在第几层？第几间？他家的门牌号应该怎么表示呢？为什么呢？小狮子房间的门牌号又是多少呢？

（2）幼儿分组讨论并尝试编门牌号。

教师：还有很多小动物不知道自己的门牌号，现在请你们帮助它们写上门牌号。

教师介绍材料及操作要求：给每组准备了记录纸和一支笔，每组的小朋友一起讨论，由一个小朋友把讨论结果记录下来。

教师：请每组把记录好的记录纸贴在前面的白板上。

（3）总结门牌号编制的规律。

教师：我们编门牌号的方法一般是：把最底下的楼层叫做第一层，把最左边的房间定为第一间，从下往上，从左往右，第一个数字表示层，最后一个数字表示间，中间用 0 隔开，楼房的门牌号就是 101、102、103、201、202 等。（PPT 或者图片演示讲解。）

（4）检查调整。

教师：请小朋友看一看你们组的门牌号写对了吗？如果不对，每组推荐一个小朋友上来调整。

3. 再次探索

教师：小动物也给每个小朋友都准备了房间，请领取自己的门牌号，根据你门牌号的颜色找到对应的楼房，再根据门牌号号码找到自己的房间。

教师：门牌号很重要，如果我们知道自己家的具体住址和门牌号，我们就不会走丢了。

4. 活动延伸

亲子作业：统计家庭住址及门牌号

教师：老师这里有一个家庭地址统计表，请你们回家和爸爸妈妈一起把自己的家庭住址及门牌号码写在统计表上，明天上学交给老师。

三十七　混龄班集体教育活动应如何安排？

混龄班集体教育活动一般采取小组分层教育活动的方式组织，具体操作流程如下。

（一）分组

教师根据混龄幼儿年龄差距、能力发展水平差异以及班级教师人数等，可将幼儿分成 2~3 个学习小组。

（二）轮流实施

各学习小组集体教育活动轮换交替进行，当其中一个学习小组进行集体教育活动时，其他的学习小组可进行户外活动或区域活动。

（三）防止干扰

教师要为进行户外活动和区域活动的幼儿提供必要的场地和材料支持；要合理安排动静活动，防止因活动安排不合理产生相互干扰。

若每班只有一位教师，可安排另一组幼儿从事安静的区域活动，但切不可脱离教师视线范围。

图 6-1 “一村一园：山村幼儿园计划”项目照片（三）

“美丽乡村”学前教育丛书

第七部分
家园合作

三十八 可以通过哪些途径与家长交流幼儿在园情况？

（一）家长会

家长会是家长与教师双向交流的重要渠道：教师向家长介绍幼儿园保教工作基本情况、幼儿在园表现及儿童发展情况；家长向教师反馈幼儿在家生活、学习情况。

家长会可针对家长关心的问题，如幼儿伙食、幼儿游戏中的安全、游戏中的学习发展等问题，进行集中答疑、交流、讨论等。同时，教师也可借助家长会，对家长开展科学育儿培训，如幼儿传染病防控、幼儿发展知识培训等。

（二）家访、电话访谈

新生入园前，如有条件，教师可开展家访活动（具体可见“六　幼儿不喜欢上幼儿园怎么办？”中“新生家访”部分）。学期中，教师也可按需安排家访，家长与教师进行双向交流，了解幼儿在园、在家的学习与生活情况。对于留守幼儿、家庭经济困难幼儿，在家访过程中，教师应重点关注幼儿在家生活照料及情感照料情况。

（三）家长问卷

教师可在家长会、家访或家长接送幼儿来离园时，发放调查问卷，了解家长的观点、诉求及意见。如果幼儿由不识字的祖辈照料，教师可为其朗读问卷内容。

（四）家园联系栏

家园联系栏主要介绍近期班级保教工作基本安排、家庭育儿小知识及近期需要家长配合的工作等事宜。

（五）成长手册

教师可为每位幼儿建立一本成长手册，手册中包含幼儿在园学习、生活的记录，可包含幼儿作品、照片、趣事记录、发展评价表等。教师还可在作品、照片上记录下幼儿的感受、想法或教师、同伴的评语等。

（六）家长开放日或家长助教

教师可以请家长来幼儿园观摩、体验幼儿在园一日生活，了解幼儿园保育教育情况。

（七）亲子活动

幼儿园可利用节假日开展亲子活动，通过组织亲子互动游戏，帮助家长掌握亲子互动方法，增进亲子感情。

（八）时事通信交流

教师可以组建家长及时交流群（如 QQ 群、微信群），将幼儿游戏活动视频或宣传资料发送至群内，方便家长了解幼儿在园学习生活情况，同时也可进行实时交流，家园互动。

三十九 如何召开家长会？家长会包括哪些内容？

（一）家长会的一般流程

1. 确定主题、形式

教师从本班幼儿学习与发展实际出发，先确定本次家长会主题及主要内容，再确定家长会形式，如讲座、座谈、经验交流、观看宣传片、发放问卷等。

2. 通知家长

教师可采取在班级门口张贴通知、短信或微信通知、请幼儿通知、接送时口头通知等方式，告知家长会的时间、地点及相关要求。

家长会召开时间可选择在下午或晚上召开。但农村偏远地区要尽量避免在晚上召开家长会。

3. 做好会前准备

教师根据会议内容及形式，确定主持人、主讲人等，邀请相关参会人员，做好会议准备（如 PPT、发言稿、会议提纲）。如需专家、家长代表、园领导发言，教师要事先告知发言主题、时间及时长，以便提前准备。会议开始前，教师要做好会场布置、家长接待与签到等工作，并根据需要提前准备好多媒体、照相机等。

4. 会议过程中需注意的事项

家长会的开场尽量生活化，以便调节气氛。会议应按照提前制订的流程进行，如遇特殊情况要灵活应变。教师可留一定时间供家长提问、交流。教师可借助家长会，请家长匿名对幼儿园各项工作提出意见和建议。

5. 会后工作

教师结合会议记录，做好反思总结，特别是针对家长提出的意见和建议，应逐条梳理并适时调整保教工作。

（二）家长会的常规内容

1. 班级基本情况分析

这方面的内容主要包括：班级幼儿情况、教师情况、上学期幼儿各方面发展情况、班级中存在的问题。

2. 学期工作安排

这方面的内容主要包括：各领域教育目标、本学期将开展的主题活动和幼儿园重大活动、需要家长配合的相关工作。

3. 家长自由提问交流

该环节可安排在家长会结束前进行。

4. 针对性主题

根据实际需要，教师可召开有针对性的主题式家长会，如："如何做好入学准备？""如何提升孩子人际交往能力？""如何培养孩子的自理能力？""春季传染病预防"。教师也可根据需要召开分类家长会，如：对体检中身高体重未达标的体弱幼儿家长召开"体弱儿家长会"；针对留守儿童父母，召开远程在线家长会。

四十 如何组织亲子活动?

（一）亲子活动的形式与内容

亲子活动的形式包括亲子郊游、亲子游戏、节目表演等。亲子活动的内容包括：围绕节日活动开展的亲子活动，如中秋节教师邀请家长来园与幼儿一起制作月饼；围绕活动主题开展的亲子活动，如在“我的家乡”主题活动中，组织家长带幼儿一起参观家乡的景点、了解家乡的历史故事、品尝家乡的小吃。

（二）亲子活动的组织

教师可提前制订亲子活动方案，包括活动的时间、地点、目的、主要流程及注意事项，可通过“活动须知卡”或微信等方式告诉家长。

亲子活动内容环节安排要紧凑、细致，活动难度要适宜，要体现参与性、趣味性及教育性。针对留守儿童或隔代抚养较多的班级，教师应根据家长特点设置适宜的活动环节，活动量、活动难度不宜过大。

亲子活动中，教师可充分利用家长资源，邀请热心的家长参与到活动组织、筹备中来。

四十一 幼儿园哪些工作可以请家长参与？

（一）参与教育教学活动

教师可以让家长发挥特长，请家长来园组织活动。如请家长来教幼儿认识植物的种子，开展种植活动。

（二）担任助教、志愿者等协助角色

在幼儿园日常活动中及组织大型活动、集体外出等活动时，教师可邀请家长担任助教或志愿者，协助教师工作。

（三）参与幼儿园材料投放

教师可以请家长从家中携带一些废旧材料，用于环境创设、制作玩教具。

（四）成立家长委员会

教师可以组织家长成立家长委员会，监督管理幼儿园伙食、财务等。通过家委会，教师也可结合家长特长，请家长协助完成一些工作，如请有时间的家长协助幼儿园采买部分用品等。

四十二 如何处理家长工作中的常见问题？

下面列举了幼儿园家长工作中常见的几种情况对应策略，供教师参考。

（一）家长送孩子经常迟到怎么办？

首先，了解幼儿迟到的原因。若是因为幼儿作息时间不规律导致迟到，教师需告知家长规律作息的重要性，并提供参考方法或建议，让家长帮助幼儿养成良好的作息习惯。

其次，帮助幼儿养成守时的习惯。教师可以利用图画书、谈话等方式，组织幼儿开展认识时间的活动，帮助幼儿了解守时的重要性，形成守时观念，并督促家长共同遵守时间，按时送孩子来园。如：与幼儿共同商议早睡早起、“不迟到”策略；开展活动，看看在相同的时间里谁做的事情最多、动作最快、最先到达幼儿园。

最后，经常性地表扬每天按时到幼儿园的幼儿，对经常迟到幼儿的守时行为予以表扬。

（二）面对不配合的家长怎么办?

教师需要分析家长不配合的原因，只有弄清楚原因才好“对症下药”。一般来说，原因可能会包括：家长工作忙，没有时间配合；家长性格马虎，容易忘事，忘记配合幼儿园工作；家长教育观念陈旧，认识不到家园合作的重要性，没有意识到需要配合相关家园工作；家长能力有限，难以完成需要配合完成的工作；家长有自己的固有教育理念，认为与幼儿园的教育理念不一致，不愿意配合完成相关工作。

针对不同原因，教师可采取如下措施。

第一，学会换位思考，理解家长难处。

如家长有事不能参加幼儿园活动或会议，教师可另找时间进行沟通。家园合作不仅是家长协助幼儿园工作，幼儿园也要理解家长困难，给予家长适时、适宜的帮助。

第二，适时提醒家长。

针对容易忘事、做事马虎、不爱看班级通知的家长，教师可在来园和离园环节适时提醒家长，或采用短信、微信等方式，提醒家长相关事项。

第三，拓展交流途径。

教师可通过调查问卷方式掌握家长便于参加幼儿园活动、接受家访、接电话的时间。教师可通过面谈、家长园地、家园联系册、电话约访、短信、网络（如微信、QQ、班级微博）等形式与不能经常来园的幼儿家长进行交流。教师可定期将主题活动计划或网络图、亲子活动内容、家长开放日活动内容、家长助教活动等进行展示，方便家长了解幼儿园工作。家长为班级活动提供帮助后，要及时通过口头或书面形式表示感谢，激发家长参与的积极性。

第四，合理确定任务难度。

教师需了解家长工作性质、可提供的相关资源及兴趣特长等信息，根据需要邀请家长配合相关工作。教师请家长帮助收集的材料，要易于准备；布置的亲子作业，要说明具体的方法和步骤，降低任务难度；切忌每天给家长布置不同任务，增加家长负担。

第五，讲清“为什么”。

只有当家长了解真实用意后，教师才能更好地配合幼儿园工作。例如：幼儿园要求带药的幼儿家长填写服药记录单，教师需要告知家长这样做是为了幼儿能按时、正确地用药，确保用药安全，如果不用单据记录，则易出现漏服、错服、不准时服药等情况。

第六，提高自身专业水平，以理服人。

教师只有自身专业知识过硬，给予家长科学、适宜的指导和支持，帮助家长科学育儿，助力幼儿健康成长，才能换来家长的支持。

（三）面对护短的家长怎么办？

面对护短的家长，教师首先应分析其行为背后的原因。

有的家长担心教师不喜欢自家孩子，因此想方设法替孩子掩盖不足；有的家长个性好强，难以接受孩子的不足；有的家长因为教师的态度、语气本能地护短，如果教师语气尖锐地与家长谈论孩子的不足，家长听到后会本能地抵抗教师；有的家长只了解幼儿在家中的表现，对幼儿在幼儿园中的表现不了解，因此不相信教师说的话。

弄清这些后，教师需针对不同原因，有针对性地做好家长工作，可参考如下措施。

第一，说明自己的初衷。

教师在和家长沟通时，一定先要说明自己的初衷，让家长了解幼儿在成长过程中都会出现各种各样的问题，每位幼儿都有优点和不足，幼儿犯错或有做得不好的地方，是很正常的事情，需要家长和教师共同帮助幼儿科学面对和改正。同时，教师应让家长感到教师与家长的沟通，是为了帮助幼儿更好地成长。教师不会因为幼儿有某方面的不足就不喜欢幼儿或对幼儿产生偏见。

第二，单独约谈，解除顾虑。

教师在与家长沟通交流时，尤其是交流幼儿存在的问题时，最好避开其他家长单独约谈，在交流过程中以诚相待，不要让家长产生被批评或是告状的感觉。

第三，和家长一起分析原因。

教师要转变方式，将家长理解的“告状”变成谈心，和家长一起分析幼儿出现问题的原因并商量可以采取的办法与措施。

第四，让家长了解幼儿在集体中的表现。

教师可通过多种途径，如家长开放日、亲子活动、观察记录等，帮助家长了解幼儿在集体中的表现，帮助家长对幼儿形成全面、客观的认识。

第五，让家长理解替幼儿承担责任对幼儿的影响。

有的家长担心幼儿受到教师批评，因此袒护幼儿，替幼儿承担责任，常把“怪我”“这事不怨孩子”挂在嘴边。教师应对家长这种心理予以理解，但应告知家长，这样可能会让幼儿养成推卸责任、缺乏担当等不良习惯。

（四）面对家长的不合理要求怎么办？

面对家长的不合理要求，教师首先要分析其行为原因：有的家长缺乏正确的教育理念，不知道自己的要求不合理；有的家长对幼儿过于呵护，没有意识到提出的要求在集体环境中难以实现；有的家长因性格原因，交流时说话直率，态度强硬，让教师难以接受。

面对家长的不合理要求，教师可采取如下办法应对。

第一，加强科学保教观念宣传，分析事件，讲清利弊。

教师可通过谈话、家园宣传栏、家长会等方式向家长宣传科学的教育理念，帮助家长认识到自己要求的不合理。如有家长提出冬季气温低，希望孩子不进行户外体育锻炼。教师可通过家园宣传栏向家长科普冬季锻炼对幼儿身心发展的重要性。同时告知家长，教师会密切关注幼儿的运动情况，既能达到锻炼目的，又能避免孩子着凉。

第二，帮助家长了解幼儿园保教工作情况。

教师可以通过家长助教、家长开放日等活动，让家长充分了解幼儿园日常工作，少提不符合实际的要求。

第三，教师态度要明朗统一。

面对家长的不合理要求，教师要学会委婉但又坚定地说“不”，让家长明确教师的态度。同时，教师一定要从为孩子好的角度，说清楚不能同意的理由。

（五）家长要求幼儿园教小学知识怎么办？

许多家长会认为，孩子在幼儿园学习汉字、汉语拼音、唐诗等小学知识才是“学本领”。许多家长担心孩子如果在幼儿园阶段没有学过汉字，小学一年级就会十分吃力，希望幼儿园提前教授汉字、汉语拼音等小学知识。面对家长提出这样的要求，教师首先应了解幼儿园阶段不能“小学化”的原因，才能有针对性地采取措施，帮助家长改变不正确的教育观念。

第一，游戏是幼儿园基本活动，幼儿在游戏中能获得必要的学习与发展。

学龄前阶段的主要任务是帮助幼儿通过直接操作、亲身体验的方式进行探究学习，积累丰富的经验。如幼儿通过亲自种植植物并观察其生长过程，学习效果远好于教师在课堂上直接教授幼儿这些知识，幼儿的感受也更深刻。

在幼儿园中，幼儿通过操作获得大量经验，这些经验将为幼儿今后的学习发展奠定良好的基础。比如，幼儿在搭积木时，有时候长方体积木不够，幼儿就会想办法用两块立方体积木拼凑在一起替代长方体积木。这看似简单的操作却蕴含了“两个立方体能够组成长方体”的图形分解组合知识，也能培养幼儿自主解决问题的良好学习品质。

幼儿园的游戏并非无目的地玩耍，而是寓教于乐，让孩子在游戏中快乐学习。

第二，幼小衔接工作能够帮助幼儿顺利适应小学生活。

幼儿园开展了大量幼小衔接工作，能帮助幼儿认识和向往小学生活，并帮助幼儿具备一定的读写、算术、人际交往和社会适应能力。这些能力是通过丰富的活动培养起来的。

同时，按照国家要求，小学也将严格执行零起点教学，积极做好入学适应工作，减缓幼儿园升入小学的衔接坡度，帮助幼儿顺利完成幼升小的过渡。

第三，提前教授小学知识可能会影响良好学习习惯的养成。

学龄前幼儿以具体形象思维为主，只能依靠机械记忆方式来“死记硬背”拼音、汉字、诗词等抽象知识。这种学习方式违背了科学认知规律，也容易让幼儿丧失学习兴趣。

此外，提前学习过小学知识的孩子初入小学时，会因课堂知识都已学过，产生“上课不用心听讲也能考出好成绩”的错误认知，上课时容易注意力不集中、开小差，形成不良学习习惯。随着学业难度的增加，当这些“老本吃光”后，这部分孩子因初入学时没有养成良好学习习惯、掌握正确学习方法、对学习缺乏真正兴趣，学习便开始走下坡路，对自己失去信心。而没有提前学过识字、汉语拼音等知识的幼儿，刚开始升入一年级时，虽然会比提前学过的幼儿吃力，但往往会更专心听讲、认真思考，形成良好的学习习惯。影响学业成绩的最主要因素是学习兴趣、学习习惯和学习能力，而非先学后学。

（六）幼儿在园受伤应如何与家长沟通？

幼儿天性活泼好动，在幼儿园集体生活环境中，难免会有些磕磕碰碰。当在园幼儿不小心受伤时，教师可采取如下方式与家长沟通。

第一，换位思考，以心换心。

教师应从家长的角度体谅家长的心情和需求。若教师认为幼儿只是受了点小伤，表现出若无其事的态度，会让家长产生教师对孩子冷漠、对工作不负责的感受，影响家园关系。因此，教师应换位思考，充分理解家长的心情，以心换心，这样的处事态度更利于与家长的沟通及事情的解决。

第二，放下心理包袱。

幼儿天性好动，动作发展不协调，同伴交往能力不足，容易发生磕磕碰碰。因此，面对幼儿在园受伤情况，教师要放下心理包袱，减少紧张情绪，抓紧时间弄清事情始末缘由，思考与家长沟通的策略与方法。

第三，表达歉意。

教师是幼儿在园期间的监护人，幼儿在园期间受伤，教师应该仔细告知家长事情的起因及经过，并表达歉意，安抚家长情绪。

第四，妥善处理并表达对幼儿的关爱。

当幼儿在园意外受伤时，教师应第一时间检查伤情。如果有保健教师，教师应立即请保健教师诊断伤情。如果没有保健教师，教师应视严重程度采取相应措施。如果只是轻微擦伤、碰伤，教师可在离园时，当面向家长解释。

需要注意的是，并不是幼儿有明显的伤口，教师才向家长交代。对于幼儿摔倒，没有伤口的情况，教师也不可忽视。如果幼儿摔倒时碰到头、腹、腿等部位，即便没有伤口，教师也应仔细检查，询问幼儿是否不舒服，并多留意观察。家长接幼儿时，教师可告诉家长:“今天孩子不小心摔倒了，我们仔细检查过，孩子没有受伤，但摔倒时碰到头（或者腹、腿等），我们观察了一天，孩子没有说不舒服，您晚上回家继续观察。如有什么问题及时沟通。”如果幼儿伤势较严重，教师应及时通知家长，立即送往医院就医。

第五，提高幼儿的自我保护意识和能力。

尽管幼儿在园受伤的事情无法完全避免，教师也需要在事后仔细分析原因，反思工作中存在的问题与疏忽，改进工作。同时教师可组织相关活动，提高幼儿的自我保护意识和能力。

四十三 如何与隔代抚养家长交流?

许多幼儿父母因工作或其他原因无法陪在幼儿身边，幼儿由祖辈进行日常照料。由于老年人精力有限，部分身体状况欠佳、教育观念较为陈旧、不重视家园合作等原因，隔代抚养存在许多弊端。

面对隔代抚养的家长，教师可采取如下方式进行交流。

第一，充分理解不强求。

教师要充分理解老年人心疼孩子的心情，不强求老年人像年轻父母一样配合工作，与老年人交谈时，要热情、细致、礼貌、尊重。

第二，注重细节，赢得信任。

教师应根据老年人年龄特点，从细节上让老年人感受到教师的尊敬与照顾。如：活动组织时，搀扶一下老年人；发出纸质通知时，字写得大一些，方便老年人阅读；与老年人交代事情时，减缓语速，提高音量，或者写好字条，请老年人带回家交给孩子父母。

第三，重要事情和父母谈。

如有事情实在无法和老年人说清楚，教师可与幼儿父母交流，让父母协助做好祖辈工作。如幼儿某方面行为习惯待改进，教师在与老年人沟通后，不能取得老年人的支持，观念上无法达成一致，教师可与幼儿父母沟通，并嘱咐幼儿父母就此事与老年人进行交流，取得老年人的理解和配合。

第四，适度引导，理性抚养。

隔代抚养的老年人容易对幼儿无条件、无原则地满足，不管幼儿提出的要求是否合理。对于这样的老年人，教师可单独组织隔代家长会，用浅显的道理告诉隔代家长一些教育原则及方法，告知家长迁就不是爱，有原则地满足才有利于幼儿良好习惯和性格的养成。

四十四 如何与留守儿童家长交流？

第一，充分理解，彼此尊重。

留守儿童父母多因工作原因与幼儿分离，由祖辈或他人照料。教师在与留守儿童家长交流时，应充分理解对方的困难，建立相互尊重的沟通氛围。

第二，做好与幼儿监护人的交流。

教师应与幼儿监护人及时交流幼儿在园情况。同时，教师应积极帮助幼儿监护人改善育儿观念，掌握科学育儿方法，尽可能对缺失父母陪伴的幼儿给予关爱，为幼儿营造具有心理安全感和良好教养条件的环境。

第三，与幼儿父母进行沟通。

教师可通过网络、电话等手段，与幼儿父母交流幼儿在园表现、发展情况等。同时教师要强调陪伴的重要性，鼓励有条件的父母可利用寒暑假，将幼儿接往身边。

第四，引导幼儿学会体谅父母工作的不易。

教师可组织“认识职业”等活动，帮助幼儿体验不同职业，体会父母工作的辛劳，从而更好地理解父母无法陪伴的难处。

图 7-1 “一村一园：山村幼儿园计划”项目照片（四）

“美丽乡村”学前教育丛书

第八部分

幼小衔接

四十五 什么是幼小衔接？何时开始幼小衔接工作？

幼小衔接指的是幼儿园教育与小学教育的衔接，主要分为幼儿园阶段的入学准备和小学阶段的入学适应两个部分，幼儿园阶段主要是指为适应小学学习生活而进行的生理、心理、能力、习惯各方面的准备。

幼小衔接并不是大班下学期才进行的阶段性工作，它是一项长期工作，科学的幼小衔接应贯穿整个学前教育阶段。在幼儿园阶段，幼小衔接工作应该从幼儿入园时就开始，培养幼儿扎实的综合能力和良好的生活、卫生和行为习惯，以及对事物的探究、学习兴趣。在大班下学期时，教师应有针对性地帮助幼儿做好生活、社会和学习等多方面的具体准备，激发对小学生活的期待和向往。

四十六 幼儿园从哪些方面做好幼小衔接工作？

根据《教育部关于大力推进幼儿园与小学科学衔接的指导意见》中《幼儿园入学准备教育指导要点》要求，幼儿园主要从身心准备、生活准备、社会准备和学习准备几方面，帮助幼儿做好入学准备。

四十七 如何安排大班幼小衔接课程内容？

对于幼儿园，幼小衔接工作主要是将四个方面的入学准备有机渗透在幼儿生活和游戏中，教师可注重以下几个方面工作。

（一）培养幼儿时间观念，调整一日作息时间表

教师应帮助幼儿建立时间概念，知道在固定的时间需要做的事情，并能够根据自己的作息安排开展活动。大班下学期，在充分保证幼儿自主游戏时间的前提下，可适当延长集体教育活动时间，并在活动过程中强调集体活动纪律，如要求幼儿在活动过程中不能随意离开座位、尽量不要上厕所等。

（二）增强幼儿任务意识、规则意识及自我服务意识

教师可为幼儿安排力所能及的任务，鼓励其独立自主完成任务，制订课堂规则，如：集体教育活动时，发言前先举手，不打断其他人的发言，等等。同时应引导幼儿积极做好收拾书包、衣物、图书、玩具等自我服务工作。

（三）提升幼儿自理能力

在幼儿园一日生活中，教师应逐步培养幼儿生活自理能力。大班下学期，可适当开展模拟小学课堂的活动或游戏，帮助幼儿逐步了解和适应小学的课堂学习模式，以及课间十分钟、自主饮水和上厕所等作息方式，能自主根据天气变化和活动需要增减衣物。

（四）组织幼儿实地参观小学

教师带领幼儿前往小学参观环境，了解小学与幼儿园的不同，如小学有足球（篮球）场、食堂等，参与升旗仪式，进入小学课堂，感受小学学习方式、感受课间 10 分钟等。参观结束后，教师与幼儿一起讨论小学与幼儿园的不同，也可开展以“小学”为主题的相关游戏活动。同时教师可以邀请幼儿园已经毕业

升入小学的哥哥姐姐回到幼儿园，为大班幼儿讲述小学的学习内容和丰富多彩的活动、趣事，激发幼儿对小学生活的向往。

（五）做好家长宣传

教师可以邀请小学校长或教师来到幼儿园，为毕业班的家长开展家长讲座，针对家长关心的入学相关问题，进行详细讲述和答疑解惑。一方面从心理上减轻家长的顾虑和压力，另一方面也对家长提出要求和指导建议，帮助幼儿养成良好的学习习惯和生活习惯，为升入小学做好准备。

（六）开展主题活动

教师可开展与小学相关的主题活动，带领幼儿一起认识小学、走进小学，比较小学与幼儿园在生活、学习上的异同点，激发幼儿对小学的向往。

教师也可以参照《幼儿园入学准备教育指导要点》中的发展目标，对照本园幼儿的具体表现，查找不足，有针对性地设计、组织相关活动。如对照《幼儿园入学准备教育指导要点》中“学习能力”的要求，如果教师发现本班多数幼儿书写姿势不正确，手部动作不够灵活协调，运笔时会出现抖动等情况，可设计相关活动帮助幼儿掌握正确书写姿势，也可以购买专门的握笔矫正器投放在区域中，供幼儿正确握笔、运笔。幼儿在区域中进行书写记录时，教师注意观察幼儿的运笔情况并进行个别指导，但要避免机械训练。

（七）举行毕业典礼

教师可以组织开展毕业典礼活动，鼓励幼儿用自己喜欢的方式（如回顾幼儿园趣事、表演活动、幼儿园美食体验、制作毕业贺卡、合影等），共同为幼儿园的学习生活画上圆满句号。

四十八 如何在大班创设幼小衔接环境？

（一）营造心理环境

通过开展入学准备及家园共育等活动，幼儿知道自己马上就要升学了，产生上小学的愿望和对小学的向往，营造良好的心理氛围。

（二）创设学习环境

教师可在活动室中设置学习区角，投放课桌椅、小学一年级课本、文具、小黑板、课程表等物品。在幼儿园中模拟小学学习环境，供幼儿写写画画。教师鼓励幼儿尝试写自己的名字。还可以准备校服、小队长、中队长、大队长的标志等投放在区域中，供幼儿开展角色扮演游戏。

（三）创设读写环境

教师在各个区角有针对性地投放图书，培养幼儿阅读兴趣与能力，帮助幼儿体验阅读的快乐与成就感。例如：可在阅读区投放经典图画书、古诗、科学百科等，也可以在墙面张贴一些与图书内容相关的幼儿绘画、故事创编作品等；可在晨间谈话环节，鼓励幼儿为同伴讲故事；可鼓励幼儿用自己的方式记录动植物成长、天气变化、游戏过程或自己阅读的图书内容；可投放一些汉字游戏材料至区域中，如“有趣的象形文字”“百家姓印章”等。

（四）创设主题墙

教师与幼儿一起设计、布置主题墙，借助去小学参观、请毕业生回来看望老师等机会，和幼儿共同梳理和展示小学的基本情况。教师还可以鼓励幼儿将自己的所见所感及时记录下来，呈现在班级主题墙上。

四十九 如何判断幼儿是否已做好入学准备？

每个人都有自己的成长速度，判断幼儿是否做好入学准备没有统一的标准，可以从身心准备、生活准备、社会准备、学校准备等方面对幼儿进行观察，切忌对照目标对幼儿实施强化训练。教师可从以下四个方面观察幼儿的入学准备情况，更有针对性地帮助幼儿做好入学准备。

（一）幼儿是否做好身心准备

教师可观察幼儿是否对小学充满向往，希望成为一名小学生，对小学生活充满期待？是否能保持稳定的情绪，具备一定的情绪调控能力？是否喜欢并积极参与户外活动？动作是否协调灵敏？

（二）幼儿是否做好生活准备

教师可观察幼儿是否具备一定的生活自理能力？是否具有一定的时间观念？是否具有较强的自我保护意识和能力？是否能主动承担并完成一些力所能及的劳动？

（三）幼儿是否做好社会准备

教师可观察幼儿是否具有良好的交往和合作能力？是否愿意结交新朋友？是否能与同伴合作完成任务？是否愿意尝试协商解决冲突？是否能遵守游戏和生活中的规则？是否具备一定集体意识？是否喜欢幼儿园？

（四）幼儿是否做好学习准备

教师可观察幼儿是否对新鲜事物感兴趣，好奇好问？做事是否专注，遇到困难时是否能坚持不放弃？做事是否有一定的计划性？是否喜欢读、写、画？是否愿意用数学方法尝试解决生活中的问题？是否明白一些简单的科学现象？是否愿意探究、喜欢探究？

五十 混龄班开展幼小衔接工作应注意什么？

（一）进行分组活动，安排适宜课程

混龄班应考虑采用分组活动的方式，针对不同年龄幼儿，开展不同目标、内容的活动。对于 5~6 岁的幼儿，教师可组织开展教学、读写准备及社会领域的活动，帮助他们做好入学准备。

（二）投放适宜材料，设置不同难度

在幼儿园里，幼儿是通过操作丰富的材料来获得直接经验，进行学习的。

在投放材料时，教师应注意材料的层次性，如在益智区，可以针对年龄较大的幼儿，投放分类、排序以及简单的数字分

解组合游戏材料。对于年龄较小的幼儿，教师可以投放串珠等具有数数作用的材料。

对于同一种材料，教师可针对不同年龄幼儿，设置不同游戏玩法和难度。如阅读同一本图画书，对于年龄小的幼儿，教师可以引导他们了解故事内容及认识书籍。对于年龄较大的幼儿，教师可要求他们对故事进行续编、改编，并让幼儿用自己喜欢的方式进行记录。

（三）加强异龄互动，做好心理和能力准备

在混龄班中，教师可采取“大带小”的活动方式，增强年龄大的幼儿的自信心和责任感，为进入小学打下坚实基础。如让大班组幼儿协助教师组织活动、承担餐前餐后服务工作等。同时，教师可着重强调培养幼儿的自我服务能力，如请年龄大的幼儿帮助年龄小的幼儿穿衣、叠被子等。在帮助他人的同时，幼儿的生活自理和自我服务能力也得到了锻炼。

图 8-1 “一村一园：山村幼儿园计划”项目照片（五）

附录 1 相关文件一览表①

一、重大政策	
发布时间	文件名称
2010 年	《国务院关于当前发展学前教育的若干意见》
2018 年	《中共中央 国务院关于学前教育深化改革规范发展的若干意见》
2021 年	《“十四五”学前教育发展提升行动计划》

二、办园要求	
发布时间	文件名称
2001 年	《幼儿园教育指导纲要（试行）》
2002 年	《学生伤害事故处理办法》
2006 年	《学校和托幼机构传染病疫情报告工作规范（试行）》
2006 年	《中小学幼儿园安全管理办法》
2010 年	《托儿所幼儿园卫生保健管理办法》

① 幼儿园常用文件，教师可学习了解。

续表

发布时间	文件名称
2012 年	《教育部关于建立中小学幼儿园家长委员会的指导意见》
2012 年	《托儿所幼儿园卫生保健工作规范》
2012 年	《3-6 岁儿童学习与发展指南》
2016 年	《幼儿园工作规程》
2016 年	《幼儿园建设标准》
2017 年	《幼儿园办园行为督导评估办法》
2020 年	《县域学前教育普及普惠督导评估办法》
2021 年	《关于大力推进幼儿园与小学科学衔接的指导意见》
2021 年	《学前、小学、中学等不同学段近视防控指引》
2022 年	《幼儿园保育教育质量评估指南》

三、师资标准

发布时间	文件名称
2012 年	《幼儿园教师专业标准（试行）》
2015 年	《幼儿园园长专业标准》
2018 年	《新时代幼儿园教师职业行为十项准则》

四、专项治理	
发布时间	文件名称
2011 年	《教育部关于规范幼儿园保育教育工作防止和纠正“小学化”现象的通知》
2018 年	《教育部办公厅关于开展幼儿园“小学化”专项治理工作的通知》

附录 2 相关视频一览表

视频内容	二维码
海姆立克急救法	
烫伤的初级处理	
洗手的方法	
心肺复苏	